I0131301

Badr Benmammar

La spécification de la mobilité utilisateur dans les réseaux IP

Badr Benmammar

La spécification de la mobilité utilisateur dans les réseaux IP

Gestion dynamique de la qualité de service

Presses Académiques Francophones

Impressum / Mentions légales
Bibliografische Information der Deutschen Nationalbibliothek: Die Deutsche Nationalbibliothek verzeichnet diese Publikation in der Deutschen Nationalbibliografie; detaillierte bibliografische Daten sind im Internet über http://dnb.d-nb.de abrufbar.
Alle in diesem Buch genannten Marken und Produktnamen unterliegen warenzeichen-, marken- oder patentrechtlichem Schutz bzw. sind Warenzeichen oder eingetragene Warenzeichen der jeweiligen Inhaber. Die Wiedergabe von Marken, Produktnamen, Gebrauchsnamen, Handelsnamen, Warenbezeichnungen u.s.w. in diesem Werk berechtigt auch ohne besondere Kennzeichnung nicht zu der Annahme, dass solche Namen im Sinne der Warenzeichen- und Markenschutzgesetzgebung als frei zu betrachten wären und daher von jedermann benutzt werden dürften.

Information bibliographique publiée par la Deutsche Nationalbibliothek: La Deutsche Nationalbibliothek inscrit cette publication à la Deutsche Nationalbibliografie; des données bibliographiques détaillées sont disponibles sur internet à l'adresse http://dnb.d-nb.de.
Toutes marques et noms de produits mentionnés dans ce livre demeurent sous la protection des marques, des marques déposées et des brevets, et sont des marques ou des marques déposées de leurs détenteurs respectifs. L'utilisation des marques, noms de produits, noms communs, noms commerciaux, descriptions de produits, etc, même sans qu'ils soient mentionnés de façon particulière dans ce livre ne signifie en aucune façon que ces noms peuvent être utilisés sans restriction à l'égard de la législation pour la protection des marques et des marques déposées et pourraient donc être utilisés par quiconque.

Coverbild / Photo de couverture: www.ingimage.com

Verlag / Editeur:
Presses Académiques Francophones
ist ein Imprint der / est une marque déposée de
AV Akademikerverlag GmbH & Co. KG
Heinrich-Böcking-Str. 6-8, 66121 Saarbrücken, Deutschland / Allemagne
Email: info@presses-academiques.com

Herstellung: siehe letzte Seite /
Impression: voir la dernière page
ISBN: 978-3-8381-7831-8

Copyright / Droit d'auteur © 2013 AV Akademikerverlag GmbH & Co. KG
Alle Rechte vorbehalten. / Tous droits réservés. Saarbrücken 2013

Table des Matières

Liste des Figures

Liste des Tableaux

Introduction

1. Motivations

Le monde IP a longtemps lutté pour se passer d'une signalisation grâce à l'adresse IP qui est routée et qui se situe dans tous les paquets IP. Le service de base de type best effort était suffisant pour les applications de transfert de données telles que le courrier électronique, le transfert de fichier etc. Mais avec l'émergence des réseaux IP et le nombre croissant d'applications exigeantes en terme de qualité de service, (exemple : les applications multimédias) pour lesquelles des garanties de performance sont essentielles, la nécessité d'une signalisation dans le monde IP s'est posée de façon cruciale.

Les évolutions rapides côté SIP (Session Initiation Protocol), MPLS (MultiProtocol Label Switching) et GMPLS (Generalized MultiProtocol Label Switching), voix sur IP ainsi que les techniques de contrôle par politique ont abouti à de nouvelles signalisations complètement incompatibles. C'est pourquoi, le monde IP se pose aujourd'hui la question d'une signalisation universelle qui prendrait en compte les besoins identifiés et à venir. Les futures générations de réseaux IP devront se servir de cette signalisation universelle pour réaliser un contrôle dynamique du réseau et permettre un inter fonctionnement entre les différents opérateurs. C'est pour cette raison que L'IETF (Internet Engineering Task Force) a lancé en 2002 le groupe de travail NSIS (Next Steps In Signaling) afin d'unifier toutes les solutions de signalisations IP ou tout au moins de les faire coexister.

La signalisation doit prendre en compte, la sécurité de la connexion, qui inclut l'authentification, l'autorisation et la facturation (fonctions AAA (Authentication, Authorization et Accounting)), la qualité de service et la gestion de la mobilité. La gestion de la mobilité permet à un utilisateur d'accéder aux différents services, à tout instant et partout où il en a besoin. Cependant, fournir une signalisation universelle qui tienne compte de la qualité de service, de la sécurité et de la mobilité est une tâche particulièrement ardue. C'est pourquoi, le groupe de travail NSIS s'est intéressé, tout d'abord, à la qualité de service, avec le proposition de l'application de signalisation QoS NSLP [40].

Avec l'expansion rapide des réseaux IP mobiles et sans fil, de nouveaux besoins sont apparus. Ainsi, les utilisateurs mobiles ayant besoin de communiquer pendant leurs déplacements souhaitent que cette mobilité soit complètement transparente. Le handover (passage d'une cellule à une autre) doit donc être transparent à l'utilisateur. De plus, l'un des soucis majeurs lors de la conception de réseaux cellulaires, consiste à éviter aux utilisateurs mobiles le désagrément causé par des coupures de communication. En effet, du point de vue client, la coupure d'une communication est beaucoup plus désagréable qu'un échec de connexion.

Avec l'émergence de nouveaux services et de nouvelles applications très exigeants en terme de qualité de service, garantir la qualité de service durant le handover est devenu une tâche particulièrement difficile. En effet, la disponibilité des ressources lors d'un passage d'une cellule à une autre n'est pas nécessairement garantie, et les utilisateurs mobiles peuvent subir une dégradation ou une rupture de services.

Deux facteurs sont essentiels pour minimiser la dégradation de services durant le handover :

- La disponibilité des ressources dans les cellules que le mobile peut visiter : pour cela une réservation de ressources à l'avance est nécessaire, cette dernière exige que les ressources soient réservées à l'avance dans toutes les cellules que l'utilisateur mobile peut visiter. Ces endroits peuvent être définis grâce à l'analyse d'un profil de mobilité, ce dernier pouvant être déterminé soit par le réseau, soit par le terminal mobile lui-même.

- Le délai d'établissement de la réservation de ressources sur le nouveau chemin : ce délai doit être minimal afin d'assurer le service demandé dans la nouvelle cellule.

Constatant le réel intérêt pour une signalisation dans les futures générations de réseaux IP, ainsi que le besoin grandissant de garantir la qualité de service pour les utilisateurs mobiles, une solution de signalisation capable de répondre aux besoins des utilisateurs mobiles nous a semblé particulièrement intéressante. Cette solution doit minimiser la dégradation de service durant le handover.

2. Contributions

Dans le cadre de ce livre, et afin de minimiser la dégradation de service durant le handover, nous proposons une nouvelle procédure de réservation de ressources à l'avance dans les réseaux IP mobiles et sans fil. Cette procédure est basée sur l'application de signalisation QoS NSLP issue du groupe de travail NSIS. Ce groupe de travail a proposé de standardiser une architecture constituée par les couches NTLP (NSIS Transport Layer Protocol) et NSLP (NSIS Signaling Layer Protocol). Cette architecture s'inspire du meilleur de RSVP tout en le modifiant et le simplifiant afin de l'adapter à des applications de signalisation plus génériques.

Dans la littérature, les solutions proposées pour la réservation de ressources à l'avance dans les réseaux IP mobiles à intégration de services (c'est-à-dire suivant le modèle de QoS IntServ) sont toutes liées à l'extension du protocole RSVP à un environnement mobile. Afin de garantir la qualité de service durant le handover, nous avons, également, opté pour une réservation de ressources à l'avance. Notre première contribution dans l'environnement NSIS est la proposition d'un nouvel objet nommé MSpec (Mobility Specification). Cet objet définit les futures localisations du terminal mobile, il sera inclus dans les différents messages de QoS NSLP afin de réserver les ressources à l'avance dans l'environnement NSIS. Nous avons proposé un format pour cet objet ainsi qu'un profil de mobilité pour les utilisateurs mobiles qui inclut l'objet MSpec. Ce profil de mobilité est basé sur l'analyse du comportement de l'utilisateur durant une phase d'observation.

Le but de notre approche de réservation de ressources à l'avance est de minimiser la dégradation de service durant le handover, un scénario d'utilisation de cette approche a été appliqué dans le cadre du handover horizontal (changement au sein d'une même technologie d'accès) et en intra-domaine. Nous avons, également, proposé une extension du profil de mobilité afin de gérer le handover vertical (changement de technologie d'accès). Concernant ce second scénario, nous avons retenu un exemple de configuration réseau offrant deux technologies d'accès à l'utilisateur, à savoir le Wi-Fi et l'UMTS.

Notre approche pour améliorer la qualité de service dans les réseaux IP mobiles et sans fil est basée sur le profil de mobilité de l'utilisateur qui est déterminé après une phase d'observation. Durant cette phase, l'utilisateur est nouveau et le système ne peut pas lui réserver les ressources à l'avance car son profil de mobilité et par conséquent l'objet MSpec est encore inconnu. Dans ce cas, nous proposons d'utiliser la technologie Agent afin d'améliorer la qualité de service de l'utilisateur mobile. En effet, un système multi-agents permet de simplifier le processus de résolution de problèmes en le partageant entre plusieurs entités autonomes et coopératives.

Les caractéristiques des agents en terme de coopération, coordination et communication sont exploitées afin de satisfaire les besoins de l'utilisateur mobile en terme de qualité de service. Le terminal mobile considéré dans ce scénario est un terminal bi-mode qui supporte les deux technologies d'accès Wi-Fi et UMTS. Le rôle des agents dans ce cas est d'adapter le handover horizontal et le handover vertical aux besoins de qualité de service de l'utilisateur. Dans le cas du handover horizontal, les agents sont utilisés afin de guider l'utilisateur vers la bonne cellule qui peut lui fournir la QoS nécessaire pour l'application. Dans le cas du handover vertical, les agents sont utilisés afin de choisir la meilleure technologie d'accès en tenant compte du besoin de l'utilisateur. Donc, une architecture Multi Agents a été proposée dans ce cadre, les interactions dans le système ont été modélisées par le modèle AUML (Agent Unified Modelling Language) [87]. Pour la vérification et la validation du système, nous avons utilisé les réseaux de Petri.

Pour valider notre approche de réservation de ressources à l'avance, nous avons utilisé deux outils de simulation, il s'agit de MATLAB [89] et OMNeT++ [85]. Le choix de MATLAB est basé sur le fait que nous avons modélisé la détermination du MSpec par les Chaînes de Markov en Temps Continu (CMTC). Cette modélisation nécessite des calculs matriciels qui sont plus simple à réaliser à l'aide de MATLAB. Pour la deuxième phase de la validation, nous avons utilisé un simulateur à événements discrets qui est l'outil de simulation OMNeT++. Nous avons retenu cet outil principalement pour sa grande flexibilité et sa grande généricité, ce qui permet de simuler des modules hiérarchiques communiquant avec des envois de messages, ce qui correspond parfaitement a nos besoins car nous voulions rester générique par rapport à la technologie d'accès de l'interface air.

Cependant, le choix d'une architecture réseau est très important afin d'appliquer notre approche de réservation de ressources à l'avance. Dans ce cadre, l'architecture HMIPv6 [86] a été retenue et la réservation de ressources à l'avance est faite par l'entité MAP (Mobility Anchor Point) à la place du terminal mobile. Ce choix a permis notamment de minimiser la signalisation dans le réseau ainsi que d'éviter des problèmes tel que la double réservation de ressources sur le chemin en commun entre l'émetteur et le récepteur de flux après le handover.

Les résultats obtenus par simulation viennent renforcer l'intérêt de notre approche de réservation de ressources à l'avance qui permet de minimiser la signalisation de bout en bout ainsi que le délai nécessaire pour établir cette signalisation. Notre approche augmente également les performances du réseau en réduisant la probabilité de blocage du handover par rapport à une approche sans réservation de ressources à l'avance.

Par rapport aux différentes solutions qui sont basées sur l'extension du protocole RSVP dans les environnements mobiles, notre approche de réservation de ressources à l'avance peut être appliquée dans les réseaux mobiles à intégration de services comme dans les réseaux mobiles à différenciation de services puisque l'application de signalisation QoS NSLP est indépendante du modèle de QoS utilisé (IntServ, DiffServ, …). Un autre avantage de notre proposition est le fait que nous n'avons pas besoin de nouvelle entité réseau ni de nouveaux messages QoS NSLP afin de réserver les ressources à l'avance comparé avec la plupart des solutions qui étendent RSVP aux réseaux mobiles à intégration de services.

3. L'organisation de ce livre

Ce livre est organisé comme suit :

Le premier chapitre est consacré à la gestion de la qualité de service et de la mobilité dans les réseaux IP, nous exposons en particulier les deux modèles de qualité de service liés aux réseaux IP, le modèle IntServ à service garanti et le modèle DiffServ à service différencié. Nous présentons également le traitement du handover avec MIPv6, notamment les solutions de micro mobilité ainsi que les solutions par anticipation proposées dans ce cadre.

Le deuxième chapitre présente la gestion des ressources dans les réseaux IP mobiles, nous présentons le principe de la réservation de ressources à l'avance dans les réseaux mobiles à l'aide d'une synthèse de travaux basée sur l'extension du protocole RSVP dans un environnement mobile. Nous présentons, également, les travaux s'intéressant à la détermination de la future localisation du terminal mobile.

Le troisième chapitre présente le protocole de signalisation NSIS, nous présentons l'architecture en deux couches adoptée par ce groupe de travail ainsi que l'application de signalisation QoS NSLP qui est l'une des applications qui peut être supportée par la couche NSLP. Nous présentons, également, l'impact de la mobilité sur le protocole NSIS.

Le quatrième chapitre présente l'application de la technologie Agent dans les réseaux sans fil. Nous présentons en particulier l'intérêt de cette technologie pour améliorer les méthodes de localisation du terminal mobile et les protocoles de mobilité existants, contrôler la signalisation sur le réseau, réduire les accès et adapter le handover aux besoins de l'utilisateur.

Le cinquième chapitre est consacré à la présentation de notre approche de réservation de ressources à l'avance basée sur l'application de signalisation QoS NSLP. Nous présentons, également, le profil de mobilité proposé pour les utilisateurs mobiles. Ce profil inclut l'objet MSpec et son extension qui permet de traiter le handover vertical.

Le sixième chapitre est consacré à la présentation de l'approche Agent utilisée pour adapter le handover horizontal et vertical aux besoins de qualité de service de l'utilisateur mobile.

Le septième chapitre est consacré à la validation de notre approche de réservation de ressources à l'avance dans les réseaux IP mobiles.

Enfin, une synthèse globale reprenant l'ensemble du travail effectué pendant ce livre conclut ce document.

Chapitre 1 – QoS et mobilité dans les réseaux IP

1. Introduction

La qualité de service (QoS) est un nouveau concept incontournable aujourd'hui dans le monde des réseaux IP. Bien que complexe, il n'a rien de révolutionnaire puisqu'il se fonde sur des technologies préexistantes qu'il vise à rationaliser et souvent à simplifier afin d'en faciliter la mise en œuvre. Il existe plusieurs façons de gérer la QoS selon son niveau souhaité, il est donc nécessaire de définir les objectifs à atteindre en fonction des applications et des utilisateurs et les technologies de QoS à appliquer en découleront. Ainsi, la QoS varie selon les attentes des applications et des utilisateurs, elle est également sensible à la mobilité des utilisateurs. En effet, une des manières d'aborder la mobilité est de considérer le point de vue de l'utilisateur. Pour ce dernier, la mobilité, c'est d'abord l'avantage d'accéder aux différents services, à tout instant et partout où il en a besoin.

La mobilité devrait permettre à l'utilisateur d'être connecté en tout lieu, avec n'importe quel type de terminal et en empruntant n'importe quel réseau d'accès. A tout moment les utilisateurs devraient pouvoir changer de terminal, de réseau d'accès ou de lieu. On parle respectivement de mobilité du terminal, de mobilité du réseau et de mobilité de l'utilisateur. La mobilité des utilisateurs à un impact sur la QoS, en effet les caractéristiques spécifiques des réseaux IP mobiles et sans fil telles que le changement dynamique de la topologie du réseau et des ressources, les caractéristiques spécifiques du canal radio, la limitation des ressources pour le terminal mobile rendent difficile la fourniture et le maintien de la QoS souhaitée par l'utilisateur.

Nous présentons dans ce chapitre la notion de qualité de service ainsi que les deux modèles de QoS liés aux réseaux IP, le modèle IntServ à service garanti et le modèle DiffServ à service différencié. Nous présentons, également, le traitement du handover avec MIPv6. Dans ce cadre, deux types de solutions sont proposés pour la gestion du handover, les solutions de micro mobilité et les solutions par anticipation. Deux protocoles nous intéressent en particulier dans le cadre de ce livre, à savoir CXTP (Context Transfer Protocol) et HMIPv6 (Hierarchical Mobile IPv6).

2. La QoS dans les réseaux IP

La Qualité de service *(Quality of Service)* se note en abrégé QoS. La définition de ce terme n'est pas unique et chaque communauté donne une définition qui lui est propre. Dans la norme ITU-T (International Telecommunications Union – Telecommunication), la qualité de service est perçue comme un ensemble de critères de qualité requis pour le fonctionnement d'un ou plusieurs objets. Dans la terminologie ATM (Asynchronous Transfer Mode) la QoS est définie à travers un ensemble de paramètres de performances et de QoS caractérisant une connexion virtuelle. Enfin l'IETF fait référence à la qualité de service pour désigner les paramètres caractérisant les exigences/contraintes des applications (multimédia, temps réel) et celles de l'ensemble du réseau [1].

La mise en œuvre d'une solution globale de QoS nécessite l'introduction de deux types de mécanismes [2] :

- Les mécanismes horizontaux : Le but des mécanismes horizontaux est de signaler aux différents nœuds du réseau le comportement à adopter pour traiter un flux issu d'une application. Les formes de signalisation adoptées permettent d'identifier différentes architectures de QoS réseau. On remarque, ici, que le non-respect de la QoS par un des nœuds du réseau peut entraîner une perte de la QoS sur l'ensemble de l'acheminement.

- Les mécanismes verticaux : Les mécanismes verticaux utilisent une interface appropriée, pour offrir aux applications la QoS requise en se basant sur des mécanismes de plus bas niveau. Les mécanismes de QoS mis on œuvre au sein des équipements du réseau (les routeurs) devront par conséquent se référer aux mécanismes de QoS des liens de communication utilisés (ATM, Ethernet, etc…). On remarque que la qualité de service proposée par un niveau est dépendante de l'existence d'une QoS de niveau inférieur.

La qualité de service possède quatre paramètres de performance qui sont :

- Le délai (delay) : il correspond au temps que met un paquet pour traverser le réseau d'un point d'entrée à un point de sortie.

- La gigue (jitter) : elle représente la variation des délais d'acheminement des paquets dans le réseau.

- Le taux de perte de paquet (paquet loss) : les pertes de paquets sont dues à des phénomènes de congestion sur le réseau ou à une mauvaise qualité de la liaison.

- Le débit : il désigne le nombre de bits transmis par seconde.

3. Les principaux modèles de QoS liés à la couche IP

Les deux modèles de QoS liés à la couche IP sont appelés : IntServ pour modèle de QoS à service garanti et DiffServ pour modèle de QoS à service différencié. Ils sont détaillés par la suite.

3.1 IntServ

Le modèle IntServ a marqué historiquement (en 1994) la volonté de L'IETF de définir une architecture capable de prendre en charge la QoS temps réel et le contrôle du partage de la bande passante sur les liens réseau.

3.1.1 Définition d'un flux IntServ

Un flux IntServ correspond à une séquence de messages possédant les mêmes source, destination (une ou plusieurs) et besoin de qualité de service. Les caractéristiques de QoS sont communiquées au réseau *via* une spécification de flux (flow spec), qui représente une structure de données utilisée par les terminaux pour demander des services au réseau.

3.1.2 Modèle de service

Le modèle IntServ définit deux types principaux de services :

- Le service garanti (GS : Guaranteed Service) défini dans le RFC 2212. Ce service émule au mieux un circuit virtuel dédié. La bande passante est garantie et le délai d'acheminement limité.
- La charge contrôlée (CL : Controlled Load) définie dans le RFC 2211. Ce service est plus élaboré que le best effort, mais reste sans garantie.

3.1.3 Architecture de base d'un routeur IntServ

Un routeur prenant en charge les services IntServ doit mettre en œuvre les quatre fonctions supplémentaires suivantes :

- La classification représentée par le classificateur : elle a pour but de classer chaque paquet entrant dans une classe de flux. La classification réalisée sur chaque routeur du réseau se fonde sur une classification multichamps.
- Le contrôle et marquage : il gère la vérification de la conformité du trafic et le marquage ou l'élimination du trafic non conforme.
- La gestion des files d'attentes : dans la mesure où chaque flux est normalement affecté à une file d'attente, les mécanismes de gestion de la congestion pour protéger les flux entre eux ne sont normalement pas nécessaires. Dans la pratique, une file d'attente sera affectée à l'ensemble des flux traités en best effort. Pour les files d'attente assignées aux différents

flux, on peut procéder à leur re-dimensionnement en fonction précisément de chaque flux.

- L'ordonnancement représenté par l'ordonnanceur : il a pour but de gérer les files de sortie pour fournir l'acheminement des flux avec différentes qualités de service.

Dans le cas de l'utilisation du protocole RSVP (qui sera introduit dans le chapitre suivant), cela implique que le routeur [2,3] :

- Participe aux échanges de messages RSVP ;
- Calcule les paramètres liés aux objets IntServ ;
- Configure les éléments de QoS du routeur (classificateur, contrôleur, gestion des files d'attente et ordonnanceur) en fonction des demandes issues de RSVP.

Le routeur possédera dans ce cas deux fonctions :

- Une fonction de contrôle d'admission : elle sert à déterminer si le routeur à la capacité de traiter la demande du protocole de signalisation.
- Une fonction de contrôle d'accès : elle sert à vérifier que la requête du protocole de signalisation est légitime par rapport aux règles fixées par l'administrateur réseau.

La figure 1 représente le plan de contrôle d'un routeur IntServ.

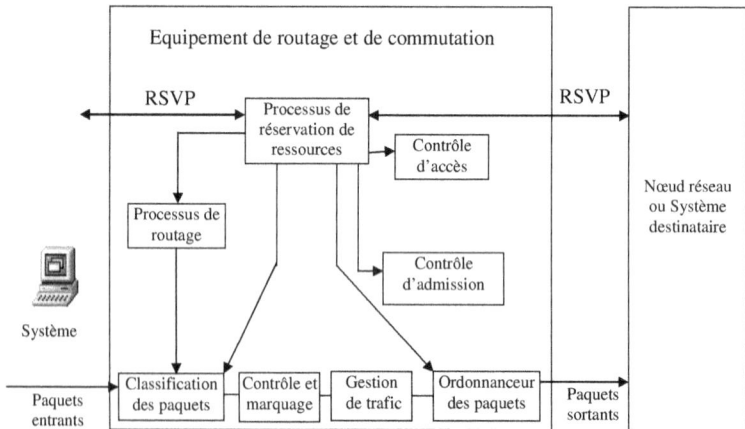

Figure 1. Plan de contrôle d'un routeur IntServ

Bien que l'architecture IntServ soit conçue pour fournir la QoS de bout en bout, cette architecture ne résiste pas au facteur d'échelle. La réservation de ressources pour chaque flux entraîne un problème de passage à l'échelle. Pour palier aux problèmes posés par IntServ et en particulier le passage à l'échelle, le modèle DiffServ introduit la notion de l'agrégation de flux. L'objectif de l'architecture DiffServ est de fournir une solution de QoS globale résistant au facteur d'échelle. Les services sont offerts à des agrégats de flux plutôt qu'à des flux particuliers.

3.2 DiffServ

Le modèle de services différenciés de DiffServ repose sur un modèle de *priorité relative* entre paquets IP. Les opérations complexes (classification des paquets, contrôle et marquage de l'en-tête des paquets) interviennent à l'entrée du réseau sur les nœuds de bordure (boundary nodes). Les nœuds dans le cœur du réseau (interior nodes) se contentent de traiter les paquets en fonction de la classe codée dans l'en-tête du paquet IP (valeurs du champ DS (Differentiated Services)), selon un comportement approprié, le PHB (Per Hop Behavior).

La figure 2 représente le champ DS.

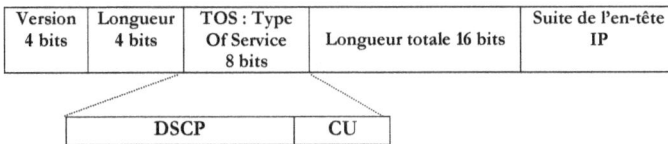

Version 4 bits	Longueur 4 bits	TOS : Type Of Service 8 bits	Longueur totale 16 bits	Suite de l'en-tête IP

DSCP	CU

Figure 2. Le champ DS

- Le champ DSCP (Differentiated Service Codepoint) permet de sélectionner le PHB à appliquer au paquet, sur les routeurs du réseau DiffServ. Codé sur 6 bits, il permet de définir jusqu'à 64 Codepoints.
 - Le champ CU (Currently Unused) est réservé à un usage futur.

3.2.1 Architecture DiffServ

L'architecture DiffServ définit les principes suivants [2,4] :
- Domaine DiffServ (DS Domain) : c'est une zone administrative, avec un ensemble commun de politiques d'approvisionnement du réseau et de définitions de PHB.
- Région DiffServ (DS Region) : c'est un ensemble contigu de domaines DiffServ, qui peut offrir la différenciation de services sur des routes empruntant ces domaines.
- Nœuds frontières (DS Boundary nodes) : ils représentent les équipements situés à la frontière du domaine DiffServ. On distingue :
    - Les nœuds d'entrée de domaine (DS Ingress Node) : ce sont des routeurs qui gèrent la classification des trafics et appliquent un comportement approprié (PHB) aux paquets IP en fonction du DSCP,

- Les nœuds de sortie de domaine (DS Egress Node) : ce sont des routeurs qui réalisent un contrôle de sortie du domaine ;
- Nœuds intérieurs (DiffServ Interior Nodes) : ce sont des routeurs à haute performance de commutation, qui assurent le transit des flux dans le réseau.

La figure 3 représente la terminologie DiffServ.

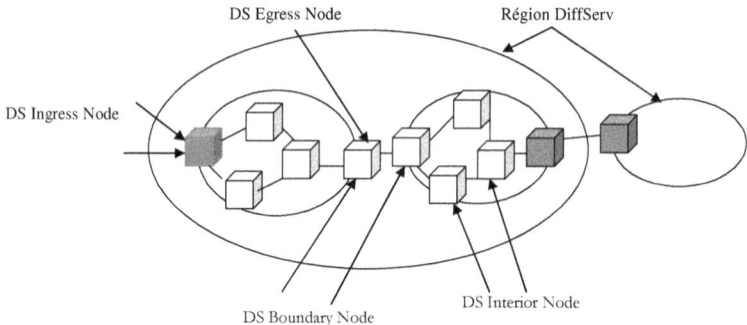

Figure 3. Terminologie DiffServ

Le conditionnement du trafic est assuré par quatre composants :

- Le métreur (Meter) : il mesure le trafic pour vérifier qu'il est conforme au profil déterminé dans le contrat de service. Il permet aux autres composants de mettre en œuvre le contrôle de trafic.
- Le marqueur (Marker) : il peut affecter une valeur de DSCP différente de celle reçue.
- Le lisseur (Shaper) : il lisse le trafic en le retardant pour qu'il ne dépasse pas le débit contractuel associé au profil défini dans le contrat de service.
- Le suppresseur (Dropper) : il élimine le trafic dépassant le débit contractuel associé au profil du contrat de service.

La figure 4 schématise l'ensemble des mécanismes DiffServ :

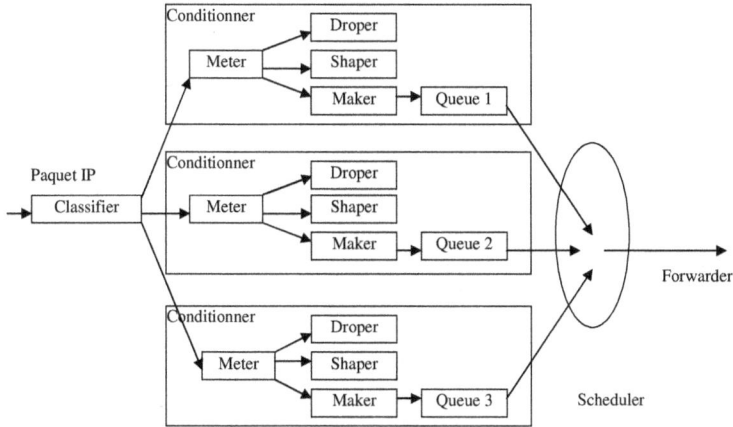

Conditionner
Meter
Droper
Shaper
Maker → Queue 1

Paquet IP
Classifier

Conditionner
Meter
Droper
Shaper
Maker → Queue 2

Conditionner
Meter
Droper
Shaper
Maker → Queue 3

Forwarder

Scheduler

Figure 4. Les Mécanismes DiffServ

3.2.2 Les PHB (Per Hop Behavior) et Codepoints

Le PHB correspond à la description externe du comportement de routage d'un routeur, face à un trafic particulier. Il est appliqué en fonction de la valeur du champ DS (DSCP) d'un paquet. Les PHB qui possèdent des comportements proches sont regroupés (PHB Groups). DiffServ permet à différentes valeurs de DSCP d'être associées au même PHB.

Les deux PHB qui ont été définis sont décrits ci-dessous :

- Expedited Forwarding (EF) – RFC 2598

Le PHB Expedited Forwarding (traitement accéléré) assure une garantie de bande passante et des taux de perte, délai et gigue faibles, pour fournir un service (Premium Service) assimilé à une ligne louée virtuelle.

Il assure aussi les fonctions suivantes :

- Le débit sortant de chaque nœud doit être supérieur au débit entrant ;
- Le trafic sortant est lissé pour maintenir le contrat vers un autre opérateur ;

- Assured Forwarding (AF) – RFC 2597

Ce service regroupe plusieurs PHB (PHB group), actuellement quatre classes de traitement sont définies et chaque classe comprend trois niveaux de priorité. Le routeur doit allouer un minimum de ressources à chaque classe AF.

4. La mobilité dans les réseaux IP

L'IETF est l'organisme qui définit les protocoles standards de l'Internet. Cet organisme est composé de groupes de travail qui s'occupent chacun d'un domaine bien précis. L'un d'entre eux (Mobile IP) est chargé de proposer un protocole pour gérer la mobilité dans les environnements IP. Le protocole Mobile IP permet aux mobiles de changer de point d'accès à l'Internet sans changer d'adresse IP.

Le protocole mobile IP doit répondre aux objectifs suivants :
- Le mobile doit être capable de communiquer avec d'autres équipements après avoir changer son point d'attachement sur l'Internet.
- Le mobile doit être capable de communiquer en utilisant uniquement son adresse IP principale, indépendamment de sa localisation sur l'Internet.
- Un mobile doit pouvoir communiquer avec un autre équipement, sans que celui-ci implémente le protocole Mobile IP4.

La terminologie suivante est utilisée dans [5] :
- **Mobile Node (MN)** : Noeud IPv4 qui peut changer de points d'attachement sur l'Internet tout en maintenant les communications en cours (et en utilisant uniquement son adresse principale).
- **Home Agent (HA)** : Routeur IPv4 avec une interface sur le même lien que le mobile (dans le réseau d'origine).
- **Foreign Agent (FA)** : Routeur IPv4 situé dans le réseau visité par le mobile.
- **Adresse permanente / temporaire (COA)** : Un noeud mobile possède une adresse IP permanente sur son réseau d'origine. Lorsqu'il visite un autre réseau, une adresse temporaire (care-of address) est affectée au mobile. Cette adresse reflète le point d'accès du mobile. En général, le mobile utilise son adresse d'origine comme adresse source dans tous les datagrammes IP qu'il envoie.
- **Correspondant** : Noeud IPv4 (mobile ou fixe) qui dialogue avec un mobile.
- **Handover** : Changement du point d'attachement d'un mobile sur l'Internet. C'est le concept de base de la mobilité, qui consiste à établir un lien au niveau de chaque nouveau point d'attachement au réseau.

4.1 Fonctionnement de Mobile IP

Mobile IP assure trois fonctions séparées :
- **Agent Discovery** : Le Home Agent et le Foreign Agent annoncent leur disponibilité sur le lien. Le noeud mobile peut également déclencher une recherche.
- **Registration** : Lorsqu'un mobile est hors de son réseau d'origine, il enregistre son adresse temporaire auprès de son Home Agent.

- **Tunneling** : Les paquets destinés au mobile sont interceptés par le Home Agent et tunnelés vers le mobile.

Le fonctionnement du protocole Mobile IP est le suivant : le Home Agent et le Foreign Agent émettent périodiquement un message <*Agent Advertisement*> sur le réseau où ils se trouvent. Le noeud mobile reçoit ce message et en déduit s'il est dans son réseau d'origine ou bien qu'il est dans un réseau visité. Si le mobile est dans son réseau d'origine, il se comporte comme un terminal fixe. Quand il se trouve dans un réseau visité, il obtient une adresse temporaire. Cette adresse temporaire est soit l'adresse du FA (obtenue via le message <*Agent Advertisement*>), soit une adresse affectée au mobile lui-même, par exemple par l'intermédiaire du protocole DHCP (Dynamic Host Configuration Protocol). Le mobile enregistre cette nouvelle adresse auprès de son Home Agent en envoyant le message <*Registration Request*>. Ce message est authentifié par le Home Agent grâce à l'association de sécurité qu'il partage avec ce mobile. Le Foreign Agent fait confiance au Home Agent pour authentifier le mobile (en général, il possède une association de sécurité avec le Home Agent et se situe dans le même domaine administratif). Les datagrammes envoyés à l'adresse d'origine du mobile sont interceptés par le Home Agent, et encapsulés dans un message à destination de l'adresse temporaire du mobile. Si l'adresse temporaire est celle du Foreign Agent, celui-ci est chargé de délivrer les datagrammes au mobile. Sinon les messages sont directement adressés au mobile. Par contre, les datagrammes envoyés par le mobile utilisent généralement le mécanisme de routage IP classique (ils sont directement envoyés à ses correspondants avec comme adresse source l'adresse d'origine du mobile).

4.2 Mobile IPv6

L'infrastructure de Mobile IPv6 est semblable à celle de Mobile IPv4 si ce n'est qu'il n'existe pas de Foreign Agent. Les paquets IPv6 sont adressés directement au nœud mobile. En effet, étant donné qu'il n'existe pas de Foreign Agent, le nœud mobile possède toujours une adresse locale qui lui est assignée de façon unique (et temporaire) afin de rester à tout moment joignable. La spécification de Mobile IPv6 a profité des expériences acquises lors de la spécification de Mobile IPv4 et des nouvelles caractéristiques d'IPv6. De nombreuses différences assez techniques existent entre Mobile IPv4 et Mobile IPv6. Nous indiquons ici les différences essentielles :

- Le Foreign Agent n'existe pas dans Mobile IPv6. Le mobile possède toujours une adresse locale. Celle-ci est attribuée de façon unique au mobile (par exemple via DHCPv6 ou par l'autoconfiguration sans état).
- L'optimisation du routage fait intégralement partie du protocole à l'inverse de Mobile IPv4 pour qui il s'agit d'une extension. Un mobile peut s'enregistrer auprès de ses correspondants.

- Les messages <*Registration Request*> s'appellent <*Binding Update*>.

La figure 5 représente les différentes étapes d'enregistrement avec Mobile IPv6.

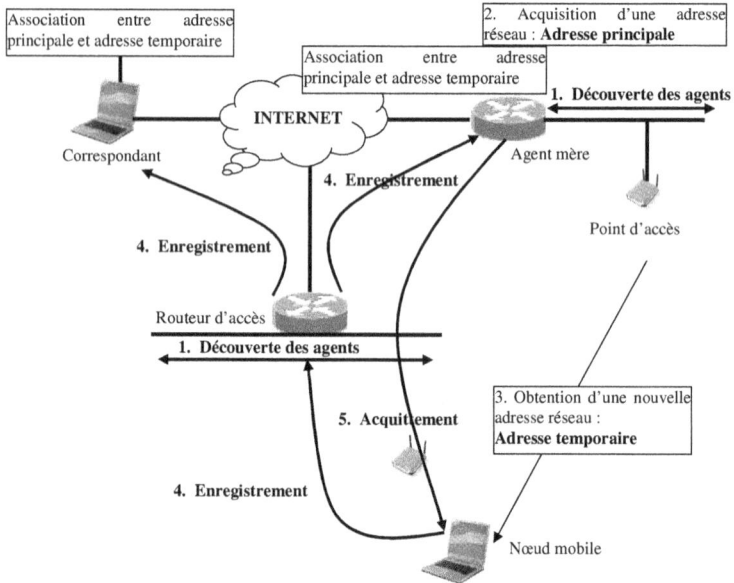

Figure 5. Les différentes étapes d'enregistrement avec Mobile IPv6

4.3 Traitement du handover avec MIPv6

La gestion de la mobilité, et en particulier du handover, sépare la micro-mobilité de la macro-mobilité. La macro-mobilité concerne les mouvements des utilisateurs à grande échelle, c'est la mobilité inter-domaines. La micro-mobilité désigne les mouvements des mobiles à petite échelle, c'est la mobilité intra-domaine. Deux types de solutions sont proposés pour la gestion du handover dans MIPv6.

- Les solutions par anticipation : des protocoles comme le Fast Handover ou le Transfert de Contexte, qui sont des extensions de Mobile IPv6, proposent d'anticiper des opérations de la couche réseau par des déclencheurs de niveau 2 (la couche liaison). Ces déclencheurs de niveau 2 sont des messages génériques à tout protocole de la couche liaison qui avertissent d'un changement dans l'état de liaison du mobile avec les points d'accès.

- Les solutions de micro mobilité : de nombreux protocoles aux caractéristiques très variées ont été proposés pour la gestion de la micro-mobilité. Nous détaillerons, trois d'entre eux, a savoir : HMIPv6 (Hierarchical Mobile IPv6), Cellular IP et HAWAII (Handoff-Aware Wireless Access Internet Infrastructure).

4.3.1 Les solutions par anticipation

4.3.1.1 Fast Handover

Le Fast Handover [6] propose deux méthodes pour gérer le handover : le *Handover Anticipé* et le *Handover basé sur un Tunnel*. Dans la première méthode (le *Handover Anticipé*), le terminal mobile ou le routeur d'accès auquel est rattaché le terminal mobile dans le cas du contrôle du handover par le réseau, reçoit un déclencheur de niveau 2 lui indiquant que le mobile est sur le point de faire un handover. Ce déclencheur doit contenir des informations permettant au routeur d'accès actuel du mobile d'identifier le nouveau sous-réseau. Le routeur d'accès actuel envoie à la fois une adresse IPv6 pour le nouveau sous-réseau au terminal mobile et une requête au nouveau routeur d'accès pour qu'il valide cette adresse. Le nouveau routeur d'accès doit alors vérifier que l'adresse est unique dans son sous-réseau. Le nouveau routeur d'accès envoie le résultat de la validation au routeur d'accès actuel. Si l'adresse est valide, le routeur d'accès actuel du mobile l'autorise à utiliser la nouvelle adresse IPv6. Ainsi, lorsque le mobile établit la connexion avec le nouveau point d'attachement, il peut directement utiliser sa nouvelle adresse IPv6 temporaire comme adresse source dans ses paquets sortant et envoyer une demande de mise à jour vers son Home Agent et tous ses correspondants.

Dans la deuxième méthode (*Handover basé sur un Tunnel*), le terminal mobile continue à utiliser son ancienne adresse IPv6 dans le nouveau sous-réseau. Ce mécanisme est possible grâce à l'utilisation d'un tunnel bidirectionnel entre les routeurs d'accès : les paquets à destination du terminal mobile continuent à atteindre l'ancien sous-réseau, dans lequel ils sont capturés par le routeur d'accès qui les redirige vers le nouveau routeur d'accès. Les paquets en provenance du terminal mobile prennent le chemin inverse puisqu'ils sont capturés par le nouveau routeur d'accès et redirigés vers l'ancien routeur d'accès qui les transmettra dans l'Internet.

En général le Fast Handover réduit le temps de latence du handover, il permet :
- L'établissement de la nouvelle adresse temporaire avant le déplacement du terminal mobile.
- Le transfert des paquets entre les routeurs d'accès.
- L'identification du nouveau routeur d'accès par anticipation.

La figure 6 décrit l'algorithme du Fast Handover.

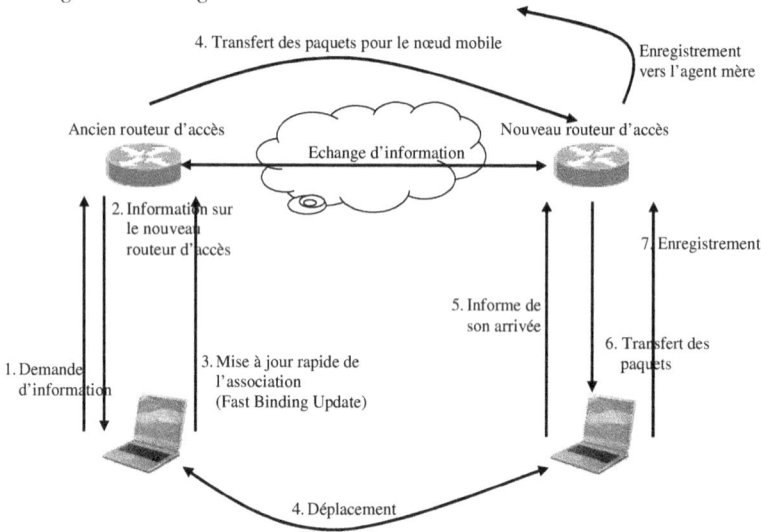

Figure 6. L'algorithme du Fast Handover

4.3.1.2 Tranfert de contexte

On appel le contexte, l'information sur l'état actuel d'un service nécessaire à son rétablissement sur un nouveau sous-réseau. Le transfert de contexte est le mouvement du contexte d'un routeur à un autre afin de rétablir des services spécifiques sur le nouveau sous-réseau ou sur un ensemble de sous-réseau [7].

Parmi les services qui sont candidats au transfert de contexte, on trouve :
- Authentication, Authorization et Accounting (AAA).
- Header Compression.
- Qualité de Service (QoS).
- Point to point protocol (PPP).
- Politiques…

Le protocole CXTP (Context Transfer Protocol) [8] permet le transfert de contexte, ce dernier pouvant être déclenché à l'initiative du nœud mobile (mobile controlled) ou à l'initiative du nouveau ou de l'ancien routeur d'accès (network controlled). Le transfert de contexte a lieu quand un événement, tel que le handover, se déclenche. Un tel événement est nommé un déclencheur de transfert de contexte (Context Transfer Trigger).

Dans ce qui suit nous traitons les différents cas possibles de déclenchement de transfert de contexte :

- Network controlled : Initié par le pAR (previous Access Router)

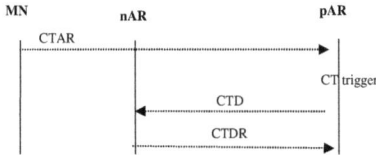

Figure 7. CXTP initié par le pAR

Dans ce cas, le MN (Mobile Node) envoie le message CTAR (Context Transfer Activate Request) au pAR, en réponse à ce message ou bien à travers un déclencheur interne (ex : link-layer trigger sur l'interface de connexion du MN), le pAR envoie le message CTD (Context Transfer Data) au nAR, ce message contient les caractéristiques du contexte. Le nAR (new Access Router) peut répondre avec le message CTDR (Context Transfer Data Reply).

- Network controlled : initié par le nAR (new Access Router)

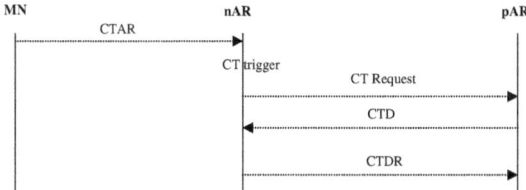

Figure 8. CXTP initié par le nAR

Après la réception du message CTAR envoyé par le MN, ou bien après un CT trigger, le nAR envoie le message CTR (Context Transfer Request) au pAR, le pAR répond par le message CTD qui inclut l'ancienne adresse IP du MN ainsi que les caractéristiques du contexte. Le nAR peut répondre avec le message CTDR.

- Mobile controlled

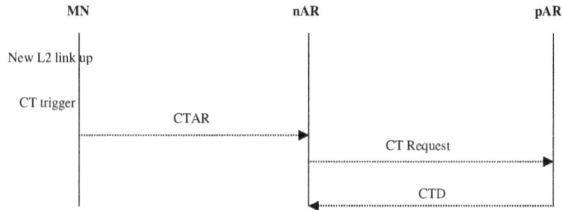

Figure 9. CXTP initié par le terminal mobile

Après un CT trigger, le MN envoie le message CTAR au nAR, en réponse à ce message, le nAR envoie le message CT Request au pAR. Le pAR envoie alors le message CTD au nAR.

4.3.2 Les solutions de micro mobilité

4.3.2.1 HMIPv6

HMIPv6 introduit deux types de Care of Adress (CoA) :

- RCoA (régionale) obtenue par le MN dans le sous réseau MAP (Mobility Anchor Point).

- LCoA (locale ou on-link) configurée par l'interface du MN et par le préfixe de son routeur par défaut.

L'introduction d'un nouveau noeud MAP permet de minimiser :

- La latence dûe au handover entre les routeurs d'accès grâce à une mise à jour locale de la mobilité.

- La signalisation générée par MIPv6 car les requêtes de binding restent locales.

La figure 10 représente l'architecture réseau dans HMIPv6.

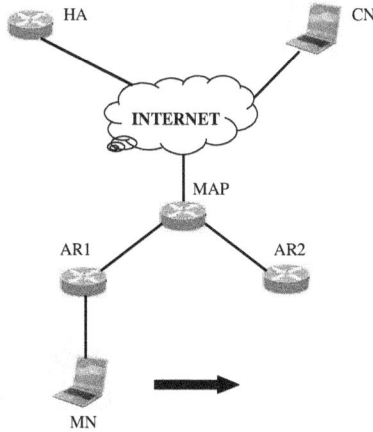

Figure 10. L'architecture réseau dans HMIPv6

- Le MAP se comporte comme un HA local. Il reçoit les paquets adressés au RCoA du MN et les route vers son LCoA.

- Le MN se déplace du AR1 vers AR2. Quand il se connecte à ce dernier, il découvre l'adresse IP du MAP. Cette adresse est stockée dans les routeurs d'accès et communiquée au MN via le message « Router Advertisement ».

- Si l'adresse IP du MAP n'a pas changé, le MN envoie un seul Binding Update au MAP pour enregistrer la correspondance entre son RCoA et la nouvelle LCoA.

4.3.2.2 Cellular IP

Cellular IP [9] est un protocole de micro-mobilité reposant sur Mobile IP pour la gestion de la mobilité inter-domaines. L'acheminement des paquets dans ce protocole est basé sur des routes spécifiques établies et mises à jour par le mobile pendant son séjour dans le réseau. Les routes sont établies par la transmission de paquets spécifiques de proche en proche. Un réseau Cellular IP est relié avec le reste du monde via une passerelle qui centralise toutes les communications entrantes et sortantes. Elle inonde régulièrement le réseau avec un paquet *beacon* qui permet à toutes les stations de savoir par laquelle de leur interface elles peuvent atteindre la passerelle. Le handover est géré via deux mécanismes spécifiques : le hard handover et le semi-soft handover.

- le hard handover coupe la communication pour passer d'une cellule à une autre.

- Le semi-soft handover permet un passage d'une cellule à une autre sans aucune coupure de lien, il vise à garantir une perte de paquets minimale.

En conclusion Cellular IP présente les spécificités suivantes :
- Intégration de la localisation du mobile.
- Support d'un grand nombre d'utilisateurs.
- Adapté aux migrations fréquentes des mobiles.
- Économie de la batterie des mobiles.
- Information de routage distribuée.
- Support de la connectivité passive et un mécanisme de *paging* : En fait, dans le réseau de téléphonie cellulaire, un mobile ne s'enregistre auprès du réseau que s'il est actif ou s'il traverse une frontière virtuelle qui définit une zone de localisation. Le réseau ne connaît pas de façon précise la localisation exacte du mobile mais connaît la zone dans laquelle il se déplace. Lorsque le réseau doit rentrer en contact avec le mobile, il diffuse un message de *paging* dans la zone courante du mobile qui répond en indiquant sa position exacte.

4.3.2.3 HAWAII (Handoff-Aware Wireless Access Internet Infrastructure)

La gestion de la mobilité dans HAWAII [10] est faite de façon très similaire à Cellular IP, chaque station maintient un cache de routage qui lui permet de déterminer le traitement à appliquer aux paquets qu'elle reçoit. Le handover est traité suivant plusieurs mécanismes. Ces mécanismes peuvent être sélectionnés en fonction des priorités du gestionnaire de réseau vis-à-vis de la perte de paquets, de la latence et du réordonnancement.

En conclusion HAWAII présente les spécificités suivantes :
- Le support de la connectivité passive et du paging.
- Les stations faisant partie d'une zone de paging sont toutes membres du même groupe IP multicast.
- Le support de mécanismes de QoS comme RSVP est prévu directement dans sa spécification.

5. Conclusion

Nous avons présenté dans ce chapitre la notion de qualité de service et les deux modèles de QoS liés aux réseaux IP, le modèle IntServ à service garanti et le modèle DiffServ à service différencié. Nous avons présenté, également, les solutions de mobilité liée aux réseaux IP, notamment le traitement du handover avec MIPv6. Dans ce cadre, deux types de solutions sont proposés pour la gestion du handover, les solutions de micro mobilité et les solutions par anticipation. Le chapitre suivant est consacré à la gestion de ressources dans les réseaux IP mobiles.

Chapitre 2 – Gestion de ressources dans les réseaux IP mobiles

1. Introduction

Fournir aux terminaux mobiles la qualité de service demandée dans un environnement IP est un domaine de recherche très important. La réservation de ressources à l'avance fait partie des solutions qui sont proposées actuellement. Dans les réseaux mobiles à intégration de services, la plupart des travaux concernant la réservation de ressources à l'avance cherchent à étendre le protocole RSVP à cet environnement. Naturellement, RSVP ne fonctionne pas dans des environnements IP Mobiles car il ne peut pas effectuer des réservations de ressources le long d'un tunnel IP mais des modifications de RSVP permettent de résoudre ce problème. L'extension de RSVP à des environnements mobiles consiste à le combiner avec les protocoles de mobilité tel que le protocole Mobile-IP. Pour cela, et dans la plupart des solutions qui seront citées dans ce chapitre, les chercheurs proposent d'ajouter une nouvelle entité réseau qui réserve les ressources à l'avance à la place du terminal mobile. Afin de garantir le traitement des demandes des utilisateurs mobiles, la plupart des solutions proposées actuellement ajoute de nouveaux messages au protocole RSVP.

Le mécanisme de réservation de ressources à l'avance pose le problème de la future localisation du terminal mobile, sujet qui constitue également un domaine de recherche très important, car il est impossible de réserver les ressources à l'avance pour le terminal mobile sans connaître ses futures localisations. Pour cela, quelques mécanismes ont été proposés afin de déterminer approximativement les futures localisations du terminal mobile par le réseau, mais le plus intéressant est de déterminer cet ensemble par le terminal mobile lui-même. En fait, l'entité qui se charge de la réservation de ressources à l'avance doit connaître la future localisation du terminal mobile avant le déplacement de ce dernier vers une nouvelle cellule. Lorsque c'est le terminal mobile lui-même qui détermine ses futures localisations on obtient une réduction significative du temps de détermination des futures localisations du terminal mobile.

31

Dans ce chapitre, nous présentons, tout d'abord, le protocole RSVP ainsi qu'une synthèse sur les travaux de recherche concernant l'extension de ce protocole dans un environnement IP mobile. Nous présentons, également, les travaux de recherche qui s'intéressent à la détermination de la future localisation du terminal mobile. En effet, la stratégie de réservation de ressources à l'avance est plus efficace avec une bonne connaissance des futures localisations du terminal mobile.

2. Le protocole RSVP

Le protocole RSVP (*Resource reSerVation Protocol*) offre une solution intéressante pour gérer des environnements multi destinataires. Il autorise, en effet, plusieurs émetteurs à transmettre vers plusieurs groupes de récepteurs. Il permet également à des récepteurs individuels de passer librement d'un canal à un autre et il optimise la bande passante utilisée tout en assurant un contrôle de congestion efficace.

La réservation dynamique de ressources est une approche fort prometteuse, mais elle est difficile à mettre en œuvre. Elle nécessite en effet que tous les composants du réseau sachent en exploiter les mécanismes :
- L'application de l'utilisateur doit spécifier ses besoins en termes de paramètres de QoS ;
- Les systèmes (serveurs/ stations/ périphériques) doivent comprendre les besoins de l'application et disposer d'une interface de service de QoS ;
- Le protocole de signalisation, RSVP en l'occurrence, doit réserver les ressources dans le réseau ;
- Les commutateurs et les routeurs du réseau doivent comprendre les requêtes de réservation et assurer les contrats de QoS auxquels ils s'engagent.

RSVP est décrit dans les RFC (Request for Comment) de l'IETF suivants :
- RFC 2205 : Protocol Specification,
- RFC 2208 : Applicability Statement,
- RFC 2209 : Message Processing.

Les principales caractéristiques du protocole RSVP sont les suivantes :
- RSVP n'est pas un protocole de routage, mais il dépend des protocoles de routage présents et futurs. La signalisation RSVP utilise en effet les protocoles de routage qui continuent à fonctionner sans modification, en déterminant le plus court chemin vers la destination ;
- RSVP est orienté récepteur. C'est le récepteur d'un flux de données qui initie et maintient la réservation de ressources utilisée pour ce flux d'après les informations fournies par l'émetteur ;

- RSVP est unidirectionnel, il n'établit des réservations pour des flux de données que dans un seul sens. La réservation de ressources pour des transferts bidirectionnels requiert donc deux sessions RSVP indépendantes ;
- RSVP transporte et maintient des paramètres de contrôles de trafic (QoS) et de contrôle de règles de politique qui lui sont opaques ;
- RSVP propose plusieurs modèles de réservation pour répondre aux besoins d'une grande variété d'applications ;
- RSVP étant orienté récepteur, convient parfaitement aux applications multicast où les récepteurs peuvent choisir un niveau de QoS différent en fonction de leurs possibilités locales ou de leurs possibilités de connexion au réseau.

La figure 11 représente l'architecture de signalisation RSVP.

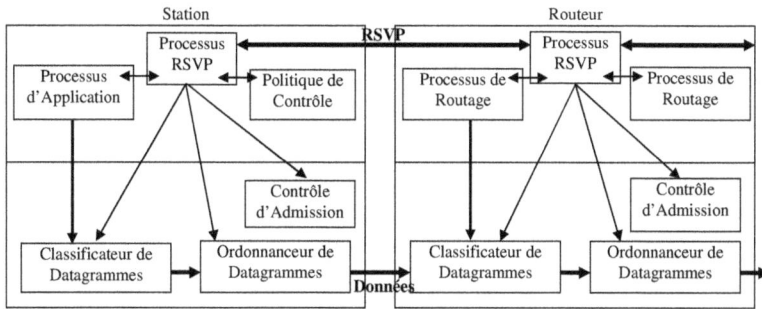

Figure 11. Architecture de signalisation RSVP

2.1 Format des messages RSVP

Un message RSVP est constitué d'un en-tête et d'un nombre variable d'objets selon le type de message (voir figure 12). La définition des objets est fonction du contexte d'utilisation de RSVP.

Vers	Flags	Type de Msg	Checksum RSVP
Send_TTL		Réservé	Longueur RSVP
Objets			

Figure 12. Message RSVP

Les différents éléments du message RSVP sont :
- Vers (4 bits) : désigne la version du protocole RSVP ;

- Flags (4 bits) : non utilisé à ce jour ;
- Type de message : 8 bits
    - 1 = Path.
    - 2 = Resv.
    - 3 = PathErr.
    - 4 = ResvErr.
    - 5 = PathTear.
    - 6 = ResvTear.
    - 7 = ResvConf.
- Checksum RSVP (16 bits) : représente un contrôle sur le message RSVP ;
- Send_TTL (8 bits) : valeur du TTL IP avec laquelle le message a été envoyé ;
- Longeur RSVP (16 bits) : longueur du message RSVP en octets (en-tête + objets).

Le format générique des objets RSVP est constitué de mots de 4 octets, avec un octet d'en-tête, et une longueur maximale d'un objet de 64 ko. Le format est le suivant :

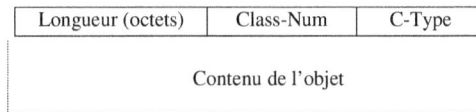

Longueur (octets)	Class-Num	C-Type
Contenu de l'objet		

Figure 13. Format des objets RSVP

- Longueur (16 bits) : représente la longueur de l'objet en octets ;
- Class-Num : identifie la classe de l'objet ;
- C-Type : indique le type d'objet.

2.2 Principe de RSVP pour la réservation de ressources

Le chemin unicast ou multicast est établi par l'émetteur, et la réservation réelle de ressources nécessaires est effectuée par le(s) récepteurs. L'émetteur n'est pas nécessairement au groupe dans le cas d'une adresse multicast.

Les messages de réservation sont émis périodiquement par les récepteurs. Ils participent au maintien d'un état logique du flot. Quand ils ne passent plus, le chemin et les ressources associées sont relâchées.

La figure 14 montre le principe de RSVP pour la réservation de ressources.

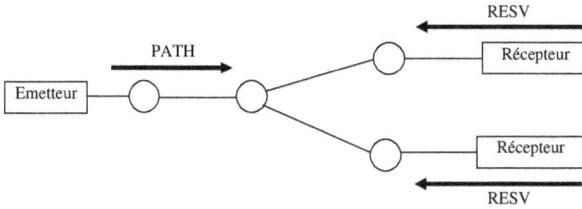

Figure 14. Le principe de RSVP pour la réservation de ressources

Les champs essentiels d'un message PATH, du point de vue de la réservation de ressources, sont les champs ADSpec et Sender_TSpec.

- ADSpec : représente les ressources disponibles en terme de débit et de délai sur le chemin de données, l'initiateur d'une réservation sur un chemin y insère ses propres informations de capacité.

- Sender_TSpec : représente le trafic généré par la source, il est non modifiable par les noeuds traversés. Il contient :

- r, le débit moyen en bit/s ;
- b, la profondeur de la file en octets ;
- p, le débit crête en bit/s ;
- m, la taille minimum de paquet en octets ;
- M, la taille maximum d'un paquet.

Les champs essentiels d'un message RESV sont les champs FlowSpec et FilterSpec, ces deux champs sont conservés comme information d'état du flot dans les routeurs. Le champ FlowSpec décrit les caractéristiques du flot, il contient les deux champs TSpec et RSpec. Le TSpec représente le trafic émis et le RSpec représente le service désiré. Le champ FilterSpec décrit le flot.

2.3 Les modèles de Réservation de ressources

Dans RSVP, les réservations de ressources sont faites à l'initiative des récepteurs. La notion de « style de réservation », est présente et représente un jeu d'options inclus dans la requête de réservation de ressources. Ils sont notés de la façon suivante :

Les styles de réservations dépendent de deux options, l'une fournie par le récepteur (mode distinct, mode partagé), l'autre fournie par l'émetteur (mode explicite, mode ouvert).

- FF (Fixed Filter) : les ressources sont réservées pour le flot uniquement.

- SE (Shared Explicit) : les ressources sont partagées entre plusieurs flots qui proviennent de plusieurs émetteurs identifiés.

- WF (Wildcard Filter) : les ressources sont réservées pour un type de flot qui provient de plusieurs émetteurs, les flots du même type partagent les mêmes ressources.

Sélection Emetteur	Sélection Récepteur	
	Distinct	Partagé
Explicite	FF	SE
Ouvert		WF

Tableau 1. Style de réservation dans RSVP

3. Réservation de ressources dans les réseaux IP mobiles

3.1 L'extension de RSVP dans un environnement IP mobile

Dans les réseaux IP mobiles à intégration de services, la plupart des travaux concernant la réservation de ressources à l'avance cherche à étendre le protocole RSVP à un environnement mobile.

Les auteurs dans [11] ont proposé un nouveau protocole de réservation de ressources dans les réseaux mobiles à intégration de services, ce protocole est nommé MRSVP (Mobile RSVP). Il s'agit d'une extension du protocole RSVP utilisable dans un environnement mobile. Avec Mobile RSVP, le terminal mobile peut faire des réservations à l'avance dans un ensemble de cellules nommé MSPEC (Mobility Specification). Le MSPEC indique les futures cellules que le terminal mobile peut joindre après le handover mais les auteurs n'ont pas spécifié de format particulier. D'autres messages sont proposés pour RSVP afin de traiter la mobilité de l'utilisateur. Cette technique nécessite des classes de service supplémentaires, des changements majeurs à RSVP, une connaissance sur les déplacements du mobile et nécessite une signalisation importante.

Les auteurs supposent également que la mobilité de l'utilisateur est prédictible de telle sorte qu'une spécification de mobilité peut être définie. Cette spécification représente la liste des localisations géographiques où le mobile peut se situer pendant la durée de vie d'un flux. Trois classes de service ont été définies : MIG (Mobility Independent Guaranteed Service), MIP (Mobility Independent Predictive Service), et MDP (Mobility Dependent Predicitve Service).

Afin de fournir des bonnes garanties à ces classes, des ressources sont utilisées tout au long des chemins possibles définis par le profil de mobilité, ce qui est consommateur de ressources. De plus, nous pouvons remarquer que le modèle en général manque de dynamisme, car on ne trouve pas de gestion dynamique de ressources après le handover comme la libération de ressources sur les anciens chemins traversés par le terminal mobile. Ces réservations de ressources à l'avance induisent, par conséquent, un gaspillage important de ressources réseau ainsi qu'une signalisation très lourde comportant de nombreux message RSVP qui sont ajoutés pour permettre d'adapter le protocole RSVP à un environnement IP mobile.

Les mêmes auteurs dans [12, 13] ont introduit le concept de réservation active et passive. Ce concept est utilisé pour obtenir une meilleure utilisation des ressources et pour gérer efficacement la mobilité des utilisateurs. La réservation pour un flux sur un lien est dite active, si les paquets de ce flux passent par ce lien afin d'arriver au récepteur. La réservation est dite passive, si les ressources sont réservées pour ce flux sur le lien, mais les paquets actuels pour ce flux ne sont pas transmis sur ce lien. Les ressources de la réservation passive peuvent être utilisées par d'autre flux qui ne demandent pas beaucoup de garantie, comme les flux de type BE (Best Effort). L'utilisation par les auteurs de ces trois types de flux (active, passive, BE) est très intéressante car elle permet de mieux gérer les besoins des utilisateurs en terme de QoS, de faire bénéficier les flux Best Effort des ressources non utilisées et plus généralement d'exploiter les ressources réseaux d'une manière plus efficace.

Min-Sun Kim et al. [14] ont également proposé un protocole de réservation de ressources dans un environnement IP mobile. Le protocole proposé introduit une nouvelle entité nommée « RSVP agent », cette entité est utilisée pour réserver les ressources à l'avance pour le terminal mobile. Les auteurs proposent trois classes de services :
- *La classe Free* : elle représente les ressources utilisées en Best Effort.
- *La classe Reserved* : elle représente les ressources réservées et actuellement utilisées pour un flux spécifique.
- *La classe Prepared* : elle représente les ressources réservées pour un flux spécifique mais qui ne sont pas actuellement utilisées.

Le protocole proposé nécessite des classes de service supplémentaires, quelques changements concernant RSVP ainsi que l'ajout d'une entité dans l'architecture réseau qui agit comme un agent pour le terminal mobile. Cependant, les différentes modifications de l'architecture réseau ainsi que celles portant sur le protocole RSVP augmentent considérablement la signalisation.

Ferrari et al. [15] ont décrit un mécanisme distribué pour faire des réservations de ressources à l'avance pour des connexions temps réel. Dans ce mécanisme, la demande de réservation est classée selon deux types : *immediate* et *advance*.

- Une réservation de type *immédiate* est activée au moment de la demande, sa durée n'est pas spécifiée ;
- Une réservation de type *advance* est une réservation à l'avance. Elle est associée à deux paramètres : *starting time* (le temps d'activation de la réservation), et *duration* (la période de réservation).

Dans certaines situations, il est possible qu'une demande immédiate de réservation soit annulée en raison de la non disponibilité immédiate des ressources dans la cellule concernée bien que les ressources soient disponibles au moment où l'utilisateur se trouvera dans la cellule après le handover. Pour éviter une telle situation, les auteurs dans [15] ont suggéré une partition dynamique des ressources réseaux en «immediate partition» et «advance partition». La demande immédiate de réservation est accordée suivant la partition immédiate et la demande de la réservation à l'avance est accordée suivant la partition à l'avance. La taille des deux partitions est déterminée à travers l'usage et la demande qui est faite de chaque partition. L'utilisation par les auteurs de ces deux types de partition est très intéressante car elle permet de résoudre un cas bien particulier de réservation de ressources.

Les auteurs dans [16] proposent un nouveau protocole de réservation de ressources nommé MIR *(Mobile IP Reservation Protocol)*, ce protocole fournit des garanties de qualité de service à des applications mobiles. Le protocole MIR est une adaptation de CLEP (Control Load Ethernet Protocol) décrit dans [17] et qui supporte la mobilité de l'utilisateur. Les principaux avantages du protocole MIR sont l'utilisation d'un algorithme distribué n'imposant pas de structure hiérarchique du réseau et permettant de gérer chaque cellule séparément en fonction de ses besoins. De plus, le protocole RTS/CTS (Ready to Send/Clear to Send) d'IEEE 802.11 n'est pas nécessaire, ce qui permet de transmettre plus de données utiles sur la voie radio.

Les auteurs introduit deux paramètres afin de fournir la QoS demandée aux utilisateurs mobiles :
- *la vitesse du terminal* (rapide ou lente), mesurée en nombre de handover durant un certain temps.
- *le type de connexion* (dégradable ou non).

Wen-Tsuen Chen et al [18] ont proposé un nouveau protocole de signalisation dans un environnement mobile. Ce protocole permet de réserver à l'avance les ressources nécessaires dans les cellules que le terminal mobile est supposé visiter. La proposition faite par les auteurs consiste à étendre RSVP à un environnement mobile, la mobilité du terminal est modélisée comme des transitions entre des groupes multicast. Pour réserver les ressources à l'avance, les auteurs utilisent une nouvelle entité appelée «Mobile proxy», cette entité est considérée comme un agent pour le terminal mobile, le «Mobile proxy» est introduit dans chaque cellule afin de gérer la réservation de ressources à la place du terminal mobile. Le «Mobile proxy» réside sur une passerelle de la cellule comme un AR (Access Router) ou un AP (Access Point). En plus des messages RSVP, les auteurs proposent d'autres messages afin de gérer les ressources réseau à l'avance. Ce nombre de messages complémentaires ainsi que l'ajout de l'entité «Mobile proxy» dans l'architecture globale du réseau augmente fortement la signalisation.

Levine et al [19] ont proposé un mécanisme de contrôle d'admission ainsi que d'allocation de ressources, ce mécanisme est basé sur un nouveau concept nommé «Shadow Cluster». Dans [19], les auteurs cherchent à améliorer la QoS des appels mobiles en réduisant le nombre d'appels annulés dans les réseaux ATM sans fil avec une architecture micro/nano-cellulaire et offrant plusieurs types de QoS aux utilisateurs. Dans ce type de réseau et avec la petite taille des cellules, le terminal mobile réalise plusieurs handovers durant la connexion. Le mécanisme «Shadow Cluster» est utilisé pour une bonne allocation des ressources et pour l'admission des appels dans le réseau sans fil en tenant compte des besoins de QoS des appels ainsi que des conditions locales du trafic. Le mécanisme proposé par les auteurs est très intéressant car la taille des cellules est très petite et le terminal peut faire plusieurs handovers durant la duré de vie d'un flux. De plus, ce mécanisme s'adapte bien à la gestion dynamique des appels permettant ainsi d'améliorer l'allocation des ressources dans ce type de réseaux.

Acampora et Naghshineh [20] ont proposé une nouvelle architecture dans le cadre des réseaux mobiles ATM à haut débit. Ils ont utilisé un nouveau concept nommé « l'arbre de connexion virtuel ». Ce concept utilise des connexions virtuelles ATM multiples selon une structure d'arbre. Les feuilles de cet arbre représentent les stations de base qui se trouvent dans le voisinage du terminal mobile. Le mécanisme proposé par les auteurs évite de mettre à contribution le processeur de l'appel du réseau à chaque tentative de handover. Leur approche permet de supporter un grand nombre de handovers surtout lorsque les cellules sont de petites tailles. Les auteurs ont développé une méthodologie analytique simple qui peut être utilisée pour le contrôle d'admission, pour cela, ils ont utilisé deux nouvelles métriques pour la qualité de service qui sont «la probabilité de surcharge du réseau» et «le temps moyen durant lequel le réseau est surchargé». L'architecture proposée par les auteurs est très intéressante pour l'organisation du système ainsi que pour le contrôle de la signalisation.

Avec le modèle de réservation de ressources basé sur RSVP et Mobile IPv6 [21], les ressources sont réservées entre un Mobile Node (MN) et son Correspondent Node (CN) sans l'implication du Home Agent (HA). Quand le MN réalise un handover, une signalisation RSVP entre le MN et le CN est nécessaire même si une partie du chemin entre le MN et le CN reste inchangée. L'inconvénient de ce modèle de réservation de ressources est la signalisation à mettre en œuvre afin de réserver chaque fois, et après chaque handover, les ressources entre le MN et le CN. Pour résoudre ce problème, les auteurs dans [22] ont proposé que les routeurs intermédiaires entre le MN et le CN maintiennent les informations de flux et les utilisent pour envoyer le message « Path » à la place du CN. L'inconvénient de cette approche est la surcharge des routeurs intermédiaires car ils sont obligés de garder les informations de flux afin d'agir comme des agents pour le CN.

Les auteurs dans [23] proposent le protocole Hierarchical Mobile RSVP (HMRSVP) qui intègre RSVP au protocole « Mobile IP regional registration protocol » [24] afin de faire des réservations de ressources à l'avance uniquement lorsque le MN se déplace vers une cellule qui se trouve à la frontière entre deux régions (une région est définie comme la zone du réseau sans fil qui est contrôlée par un unique Gateway Foreign Agent (GFA), quand le MN se déplace dans une région, l'enregistrement est fait par le GFA local qui contrôle cette région). L'idée de décomposer les cellules en régions contrôlées par une entité locale est très intéressante car elle permet de réduire le temps nécessaire pour mettre en place la réservation de ressources.

Le MN dans HMRSVP ne réserve pas de ressources à l'avance quand il se déplace dans la même région, c'est-à-dire lors d'un mouvement intra région, il fait une réservation de ressources passive uniquement quant il se déplace vers une zone qui se trouve à la frontière entre deux régions, c'est-à-dire lors d'un mouvement inter région. Quand le MN change son point d'attachement, la réservation passive devienne active. Cependant, selon la taille de la région contrôlée par le Gateway Foreign Agent, la vitesse du mobile et la latence de la réservation de ressources, une rupture de réservation reste possible.

Les auteurs dans [25] ont proposé une nouvelle structure de domaine dans les réseaux sans fil, basée sur le déploiement d'un type particulier de cellule nommé « gray cell » aux extrémités des régions, la notion de région étant déjà introduite dans [23]. Le réseau sans fil est entouré par les « gray cell », qui appartiennent à toutes les régions voisines. En se basant sur cette structure de domaine sans fil, les auteurs proposent un mécanisme qui résout le problème de la perte de réservation de ressources dans un domaine sans fil en réduisant le risque de rupture de la réservation provoqué par les handovers inter régions. Les auteurs montrent à travers la simulation que le mécanisme proposé peut traiter le handover inter régions aussi efficacement que le handover intra région et donc qu'une amélioration est faite par rapport au travail proposé dans [23]. En effet, les auteurs dans [23] réserve les ressources pour le terminal mobile uniquement quant il se déplace vers une zone qui se trouve à la frontière entre deux régions et donc rien n'était proposé par les auteurs afin de traiter un déplacement entre deux régions.

Terzis et al [26] ont proposé un protocole simple de signalisation dans les réseaux mobiles et sans fil qui permet au nœud mobile d'initier et de maintenir la réservation de ressources lors d'une mobilité intra-domaine. Le protocole proposé combine le pre-provisioned RSVP Tunnels [27] (le mécanisme proposé pour supporter la signalisation RSVP dans le IP-in-IP tunnels) avec le protocole de mobilité Mobile IP. Cependant, le protocole proposé ne traite pas de la mobilité inter-domaine.

Singh [28] s'est également intéressé à la réservation de ressources dans les environnements mobiles. Il a introduit deux nouveaux paramètres de QoS qui sont : « loss profile » et « probability of seamless communication », ces deux paramètres sont spécifiques à l'environnement mobile. Il a décrit également une architecture réseau et une suite de services de niveau transport permettant de satisfaire ces paramètres de QoS. Le paramètre « loss profile » permet aux applications de choisir entre une perte en rafale (perte d'un ensemble de paquets) ou une perte distribuée (perte individuelle de paquets) dans le cas d'un réseau surchargé, ce choix est basé sur la nature de chaque application. Le paramètre « probability of seamless communication » définit la nature des coupures qui peuvent être permises par l'application.

Lee [29] a proposé une architecture nommée «adaptive reserved service» utilisée dans les réseaux à intégration de services afin de supporter les connexions mobiles qui supportent des trafics multimédia.

Ce livre concernant les différents travaux qui s'intéressent à l'extension du protocole RSVP à un environnement IP mobile nous a permet de constater que les chercheurs ignorent souvent la spécification d'un objet qui peut être utilisé par l'application qui réserve les ressources pour le terminal mobile, et qui peut aussi spécifier la mobilité de l'utilisateur. Les chercheurs proposent souvent d'ajouter une nouvelle entité réseau qui réserve les ressources à l'avance à la place du terminal mobile ainsi que d'autres messages RSVP afin de l'adapter à un environnement mobile. Les modifications faites sur l'architecture réseau ainsi que les messages ajoutés à RSVP augmentent d'une manière considérable la signalisation dans le réseau.

3.2 Prédire la future localisation du terminal mobile

Afin de mieux gérer les ressources réseaux et de les réserver uniquement lorsque c'est utile pour l'utilisateur, la détermination des futures localisations du terminal mobile est considérée comme le facteur clé pour la réservation de ressources à l'avance dans un environnement IP mobile. Pour cela plusieurs travaux de recherche se sont intéressés à la prédiction de la mobilité de l'utilisateur afin de déterminer la trajectoire qui sera suivie par l'utilisateur et faire ainsi des réservations de ressources à l'avance pour lui. La plupart de ces recherches sont basées sur l'utilisation de l'historique du modèle de mouvements pertinents de l'utilisateur afin de détecter la future localisation de l'utilisateur. Ces techniques sont basées sur l'hypothèse que les mouvements de la personne possèdent une certaine régularité. Par conséquent, pour appliquer ces techniques, il faut passer par une phase d'observation durant laquelle les mouvements réguliers de l'utilisateur sont identifiés et sauvegardés. Le problème, avec ces techniques, est qu'il y a pas de certitude et qu'elles échouent dès que la personne change légèrement son plan de mouvement ou si elle est située dans un nouvel endroit.

Les auteurs dans [30] calculent la probabilité de localisation du terminal mobile en supposant qu'il suit le chemin le plus court quand il se déplace d'une cellule vers une autre avec quatre directions possibles (gauche, droite, en bas et en haut).

Dans [31], la détermination de la future cellule est basée sur l'analyse des informations contenues dans le chemin suivi par le terminal mobile. Cependant, cette détermination n'est pas fiable dans tous les cas, notamment si l'utilisateur change souvent de comportement.

Dans [32], un algorithme hiérarchique de prédiction de la localisation du terminal mobile est décrit par les auteurs, ces derniers proposent deux niveaux pour modéliser la mobilité de l'utilisateur, un niveau global et un niveau local. Le niveau global décrit les mouvements de l'utilisateur entre les différentes cellules, le niveau local décrit l'état du terminal mobile en tenant compte des trois paramètres suivants : la vitesse, la direction et la position du terminal mobile.

Les auteurs dans [33] proposent un modèle pour le profil de mobilité de l'utilisateur, qui inclut l'estimation de la trajectoire du terminal mobile ainsi que le temps d'arrivée et de départ de l'utilisateur pour chaque cellule sur le chemin suivi par le terminal mobile.

Les auteurs dans [34] ont proposé un profil de mobilité pour l'utilisateur basé sur l'observation de l'historique du mouvement de l'utilisateur afin de prédire les futures localisations du terminal mobile. Le profil de mobilité donne une information détaillée sur la QoS nécessaire ainsi que le modèle de mobilité utilisé pour fournir la QoS demandée par l'utilisateur. L'avantage du profil de mobilité est de réduire la probabilité de rejet du handover, de mieux gérer les ressources réseau ainsi que d'améliorer l'algorithme CAC (Call Admission Control), il est également utilisé pour la mise à jour de la localisation du terminal mobile ainsi que le paging.

Les contributions des auteurs concernant la définition du profil sont les suivants :

- L'introduction du concept de «zone» afin d'ajouter un niveau supplémentaire pour la description de la localisation du terminal mobile, la zone représentant un sous ensemble de LA (Location Area).
- Le développent d'un algorithme de prédiction adaptative afin de prédire le groupe de cellules vers lequel le terminal mobile va se déplacer, l'algorithme est basé sur

l'analyse de l'historique de l'utilisateur, les informations contenues dans le chemin suivi par l'utilisateur, la direction du mouvement de l'utilisateur, sa vitesse et le temps de résidence dans une cellule.

- La proposition d'une nouvelle architecture pour le profil de mobilité. Elle est divisée en deux types, un profil quasi-stationnaire qui contient les informations à long terme de l'utilisateur, et un profil dynamique contenant les informations de l'utilisateur qui ne sont pas stables.

Les auteurs dans [35] s'intéressent également à la prédiction de la future localisation du terminal mobile, pour cela ils ont proposé une architecture pour le contrôle d'admission des appels ainsi que le support de la qualité de service dans les environnements sans fil. Le but de cette architecture est de fournir la QoS demandée aux utilisateurs mobiles, les auteurs prennent en considération le contexte de la mobilité de l'utilisateur comme l'historique de ses mouvements ainsi que la direction de son mouvement actuel. Cependant, la gestion d'éventuels changements de comportement de l'utilisateur n'est pas prise en compte par les auteurs.

Les auteurs dans [36] proposent une nouvelle architecture pour la prédiction avec précision de la trajectoire d'un utilisateur mobile, ils ont nommé cette architecture Mobility Prediction Agent (MPA). L'originalité de ce travail est d'une part l'incorporation d'informations cruciales comme de vraies cartes géographiques, et d'autre part, l'utilisation de théorie mathématique comme moyen de raisonnement. Les cartes géographiques utilisées sont les SCM (Spacial Conceptual Map). Cette combinaison de données et de raisonnement vise à améliorer la capacité globale de l'algorithme de prédiction et à prendre en considération l'incertitude et les changements éventuels de comportement de l'utilisateur.

L'architecture globale de ce modèle de prédiction est représentée sur la figure 15 :

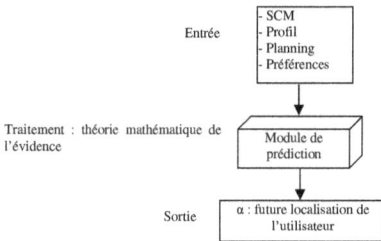

Figure 15. Définition fonctionnelle du module intelligent de prédiction

A la sortie du module de prédiction, la future localisation de l'utilisateur est représentée par une variable α qui s'appelle WEA (Way Elementary Area). Le module de prédiction

43

est également capable de déterminer le chemin entre $\alpha_{courant}$ et $\alpha_{prédit}$ avec tous les WEA du parcourt.

4. Avantages et inconvénients de la réservation de ressources à l'avance

Les différentes recherches qui s'intéressent à la réservation de ressources à l'avance montrent que les avantages de cette approche sont nombreux :

- Une meilleure QoS par rapport aux autres mécanismes puisque les ressources sont réservées à l'avance le long de tous les chemins que le mobile peut emprunter.
- Un traitement continu de la QoS pour les paquets destinés à et envoyés par l'utilisateur mobile. Ceci réduit les pertes de paquets et le délai de réservation de ressources sur le nouveau chemin.
- La réservation de ressources à l'avance est très utile pour les applications multimédia en temps réel, car ce type d'application est très sensible au délai et à la perte de paquets.

Des inconvénients existent cependant :

- Les routeurs réservent les ressources mêmes lorsque l'utilisateur mobile ne les utilise pas, le nombre d'utilisateurs et de flux qui peuvent être supportés par le routeur est réduit.
- Le terminal mobile peut faire des réservations à l'avance dans un ensemble de cellules nommé MSPEC (Mobility Specification), représentant les cellules que le terminal mobile est supposé visiter au cours d'une session. La détermination à l'avance de cet ensemble de cellules est un domaine de recherche important, car il est très difficile de déterminer à l'avance le MSPEC pour un terminal mobile. Quelques mécanismes ont été proposés pour déterminer approximativement cet ensemble de cellules par le réseau [37, 38, 39], mais le plus intéressant est de déterminer cette ensemble par le terminal mobile lui-même afin de diminuer le temps de détermination du MSPEC.

5. Conclusion

Nous avons présenté dans ce chapitre le principe de la réservation de ressources à l'avance dans le cadre des réseaux mobiles à intégration de service. Nous avons étudié le protocole RSVP et ses différentes extensions dans cet environnement. Le problème souvent rencontré dans ce contexte est l'importance de la signalisation à mettre en place afin de réserver à l'avance les ressources demandées. En effet, les messages qui sont ajoutés à RSVP dans la plupart des solutions proposées par les chercheurs ainsi que l'ajout d'une nouvelle entité réseau, qui agit comme un agent pour le terminal mobile afin de lui réserver les ressources à l'avance, augmentent significativement la signalisation. Le second problème rencontré pour la réservation de ressources à l'avance est la détermination de la future localisation du terminal mobile. Quelques travaux ont proposé de déterminer cet ensemble par le réseau mais peu de travaux existent concernant la détermination de la trajectoire qui sera suivie par le terminal mobile en se basant uniquement sur le terminal mobile lui-même. Dans le chapitre suivant, nous présentons la signalisation NSIS que nous avons utilisée pour la réservation de ressources à l'avance dans les réseaux IP mobiles.

Chapitre 3 – La signalisation NSIS

1. Introduction

Avec l'émergence des réseaux IP et le nombre croissant d'applications exigeantes en terme de QoS, l'introduction de la signalisation dans le monde IP semblait incontournable, ainsi de nombreuses solutions sont apparues toutes incompatibles entre elles. On peut citer le protocole RSVP pour la réservation de ressources sur le chemin des données et plus récemment avec l'évolution rapide des technologies comme SIP (Session Initiation Protocol), MPLS (MultiProtocol Label Switching), GMPLS (Generalized MPLS), la voix sur IP ainsi que le contrôle par politique, de nouvelles signalisations complètement incompatibles ont été proposées. C'est pour cette raison que l'IETF a lancé en 2002 un nouveau groupe de travail afin d'unifier toutes ces solutions de signalisation ou tout au moins de les faire coexister. Ce groupe de travail, nommé NSIS (Next Steps In Signaling) a standardisé une architecture de signalisation contenant les couches NTLP (NSIS Transport Layer Protocol) et NSLP (NSIS Signaling Layer Protocol). Le rôle principal de la couche NTLP est le transport de la signalisation. La couche NSLP par l'intermédiaire de ses applications assure la génération de cette signalisation conformément aux besoins de QoS des utilisateurs. L'architecture NSIS a voulu s'inspirer du meilleur de RSVP tout en le modifiant et le simplifiant afin d'être adapté à des applications de signalisation plus génériques. Fournir une signalisation universelle qui tient compte de la QoS ainsi que de la sécurité et de la mobilité est une tâche particulièrement difficile. Le groupe de travail NSIS a visé, en premier lieu, la QoS, et a proposé l'application de signalisation QoS NSLP [40].

Nous présentons dans ce chapitre l'architecture en deux couches adoptée par le groupe de travail NSIS. NSIS a proposé le protocole GIST (General Internet Signaling Transport) afin de transporter la signalisation et ainsi jouer le rôle de la couche NTLP. Pour générer une signalisation afin de fournir un certain niveau de QoS, NSIS a proposé l'application de signalisation QoS NSLP. Nous présentons, également, l'impact de la mobilité sur le protocole NSIS.

2. La couche NTLP

Le protocole GIST [41] est conçu pour la signalisation dans la bande, i.e la signalisation transportée suit le même chemin que les données. De plus, GIST ne traite que les flux unicast ne tenant, ainsi, pas compte des flux multicast.

Deux fonctions sont assurées par GIST :
- Le routage : il détermine le nœud GIST adjacent dans le chemin des données.
- Le transport : il transporte la signalisation qui se fait suivant deux modes.

   - Le mode datagramme : Ce mode est utilisé par la procédure de découverte des nœuds GIST adjacents, les messages sont encapsulés dans les datagrammes UDP (User Datagram Protocol). Le RAO (Router Alert Option) est utilisé au niveau IP pour identifier les nœuds implémentant GIST.

   - Le mode connexion : Ce mode sert au transport de la signalisation NSLP en utilisant des protocoles de transport connus comme TCP (Transmission Control Protocol), SCTP (Stream Control Transmission Protocol) ou DCCP (Datagram Congestion Control Protocol) suivant les besoins de l'application en terme de fragmentation ou d'empaquetage (bundling).

GIST doit supporter les aspects suivants :
- La notion de Soft State : tous les états sont sujets à des rafraîchissements pour éviter leur élimination de la table des états.
- La neutralité vis-à-vis des applications de signalisation : GIST fonctionne avec tout type d'application de signalisation au niveau NSLP.
- Le support de la mobilité : elle concerne le changement de réseau d'accès pendant une session.
- L'efficacité : GIST doit diminuer la latence concernant le transport de la signalisation afin de satisfaire les exigences des applications de signalisation en terme de délai.
- La neutralité vis-à-vis de la version IP : il fonctionne aussi bien avec IPv4 que IPv6.
- La neutralité vis-à-vis du protocole de transport puisqu'il peut utiliser (TCP, UDP, SCTP...).
- Le passage à l'échelle : une ou plusieurs « messaging associations » (l'état associé au mode connexion avec le voisin qui implémente le protocole GIST) peuvent être maintenu au niveau de chaque nœud.

La figure 16 représente la pile protocolaire pour le transport de la signalisation dans NSIS.

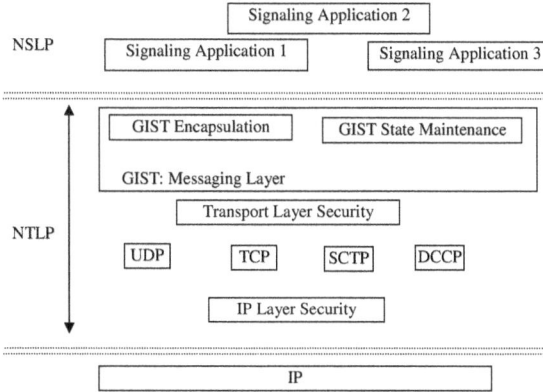

Figure 16. La pile protocolaire pour le transport de la signalisation

La couche NSLP peut supporter plusieurs applications de signalisation et c'est la couche NTLP qui se charge du transport de la signalisation, indépendamment, de l'application de signalisation supportée par la couche NSLP.

2.1 Fonctions évoluées

GIST propose plusieurs fonctions qui permettent de transporter la signalisation dans tout type de domaine (IntServ, DiffServ, …) et qui tient compte des changements qui peuvent avoir lieu dans un réseau :

- La détection du changements de routes : grâce à cinq mécanismes (Local Trigger, Extended Trigger, GIST C-mode Monitoring, Data Plane Monitoring, GIST Probing), GIST peut détecter le changement de route et proposer des solutions pour modifier le chemin de la signalisation afin qu'elle suive le même chemin que les données.

- Le passage par un NAT : lors d'un passage par un NAT, il y a un changement d'adresse dont on tient compte au niveau de GIST pour que les adresses à ce niveau soient cohérentes avec les nouvelles adresses données, suite à la traversée du NAT.

- L'interactions avec le tunneling IP : GIST propose des mécanismes permettant de s'adapter au tunneling IP.

- La transitions entre domaines IPv4 et IPv6 : GIST propose une solution pour que cette transition se fasse d'une façon transparente pour l'application de signalisation concernée.

- La considération de sécurité : c'est avec les mécanismes de sécurité déjà existants que GIST permet d'offrir des fonctions telle que :
  - La protection des messages ;
  - La protection des états dans les nœuds ;
  - La protection contre le dénie de service.

2.2 Format des messages GIST

Un message GIST est constitué par une entête commune à tous les types de messages et des objets TLV (type, longueur, valeur) dont la nécessité dépend du type de message.

L'entête est appelée Common Header et contient les champs suivants :
  - Version (8 bits) : version du protocole GIST ;
  - GIST Hops (8 bits) : compteur de nœuds GN (GIST NODE) ;
  - Lenght (16 bits) : nombre de TLV ;
  - Signaling Application ID (16 bits) : l'identificateur de l'application de signalisation ;
  - DR (2 bits) : direction et demande de réponse ;
  - Reserved (14 bits) : réserver pour une future utilisation.

D'autre part, les objets ont une structure similaire à ceux de RSVP et comportent toujours les champs : type, longueur, valeur. Des objets sont obligatoires dans tous les messages GIST, d'autres sont utilisés suivant le type de message.

Les objets obligatoires sont Flow Routing Information et Session Identification, les autres objets sont Node Addressing, Query Cookie / Responder Cookie, Routing State Lifetime et NSLP Data.

3. QoS NSLP

L'application de signalisation QoS NSLP permet de générer une signalisation permettant de fournir un certain niveau de QoS et ceci indépendamment du modèle de QoS (Diffserv, Intserv,...). Avec NTLP, QoS NSLP regroupe les fonctionnalités de RSVP, à savoir : la création, le rafraîchissement, la modification et l'élimination d'un état. QoS NSLP permet également d'interagir avec le gestionnaire de ressources pour le contrôle d'accès conformément aux politiques de contrôle.

3.1 Les messages de QoS NSLP

Quatre types de message peuvent être générés par QoS NSLP :

- *Reserve* : le seul message qui modifie l'état de la réservation (cette modification se fait de proche en proche).

- *Query* : ce message est utilisé pour demander des informations aux nœuds QNE (QoS NSIS Entity : l'entité NSIS qui supporte QoS-NSLP) présents sur le chemin des données, cette requête ne modifie pas les états.

- *Response* : ce message permet d'envoyer une réponse à un message reçu, il ne change pas l'état de la réservation.

- *Notify* : Ce type de message permet d'informer un nœud sans demande préalable, il ne peut pas être généré pour répondre à une demande antérieure.

Un message QoS NSLP comprend une entête commune à tous les types de messages. Cette entête contient le type de message sur 8 bits ainsi que des flags sur 8 bits. Cette entête est suivie par des objets dont l'utilisation est déterminée selon chaque type de message. Parmi ces objets on peut citer : Response Request, Refresh Period, Session ID, Error SPEC, Policy Data et QSpec.

Nous nous intéressons en particulier à l'objet QSpec, car à travers cet objet, on peut spécifier la QoS demandée par l'application. QSpec est transparent pour QoS NSLP, il peut contenir les caractéristiques du trafic (TSpec de RSVP), une description de la QoS désirée (RSpec) ainsi que les ressources disponibles (ADSpec). QSpec correspond aux trois objets spécifiés dans RSVP.

Les paramètres suivants sont proposés pour QSpec [42] :
- QSpec ID;
- QSM (QoS model) Control Information;
- QoS Description: Traffic Descriptors, QoS Class, QoS Characterization, Exces Treatment, Priority and Reliability, Service Schedule, Monitoring Requirements.

3.2 Interactions avec NTLP

NSLP s'appuie sur NTLP pour le transport de la signalisation vers les nœuds cibles, c'est pour cette raison que QoS NSLP interagit avec la couche inférieure, c'est-à-dire NTLP afin de réaliser ses objectifs.

La couche NTLP est indépendante des applications de signalisation supportées par la couche NSLP et c'est par l'intermédiaire d'une API que la couche NTLP envoie des paramètres à QoS NSLP. Dans ce qui suit, nous présentons quelques aspects de collaboration entre les couches NTLP et NSLP :

- Session ID : ce paramètre est donné par NTLP via l'API, il est sauvegardé dans la table d'état de la couche NSLP ;
- Sauter des nœuds : cette fonction est assurée par la couche NTLP dans le cas où la signalisation doit être transparente pour certains nœuds sur le chemin des données, elle est réalisée à travers l'utilisation de plusieurs niveaux de RAO (Router Alert Option) ;
- Identification du QNE adjacent : c'est la procédure de découverte des nœuds par la couche NTLP qui permet de déterminer les noeuds implémentant QoS NSLP ;
- Détection du dernier QNE : la couche NTLP informe la couche supérieure dans le cas où un noeud est le dernier qui implémente QoS NSLP sur le chemin des données ;
- Détection de re-routage : la couche NTLP informe QoS NSLP d'un changement de route ;
- Priorité des messages de signalisation : NTLP peut traiter les messages de signalisation plus ou moins rapidement suivant leur degré d'importance ;
- Traverser un NAT : Les nouvelles adresses sont fournies par NTLP à QoS NSLP lorsque les messages traversent un NAT ;
- Longueur des données NSLP : la taille de l'objet de données NSLP est donnée par la couche NTLP afin que la QoS NSLP puisse extraire les données dont a besoin le message NTLP.

3.3 Réservation de ressources avec QoS NSLP

QoS NSLP opère selon deux modes : Sender Initiated Reservation et Receiver Initiated Reservation. Dans le premier cas, la réservation est initiée par l'émetteur du flux (l'émetteur envoie le message RESERVE). Dans le second cas, la réservation est initiée par le récepteur du flux.

3.3.1 Sender Initiated Reservation

Dans le cas de l'approche *Sender Initiated Reservation*, l'émetteur du flux représente le NI (NSIS Initiator : c'est l'entité NSIS qui déclenche le protocole de signalisation, suite à la demande d'une application de signalisation), il envoie donc le message RESERVE. Le récepteur de flux représente le NR (NSIS Responder : la dernière entité NSIS sur le chemin de signalisation, qui répond au NI). Les entités NF (NSIS Forwarder : l'entité NSIS qui propage la signalisation entre le NI et le NR) forwarde le message RESERVE j'usqu'au NR. Le récepteur de flux peut répondre à l'aide du message RESPONSE qui est optionnel.

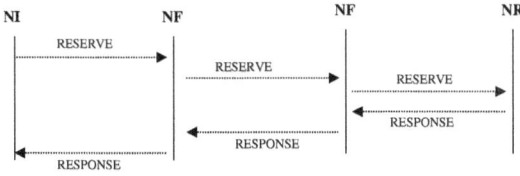

Figure 17. Réservation de ressources initiées par l'émetteur du flux

3.3.2 Receiver Initiated Reservation

Dans le cas d'une approche *Receiver Initiated Reservation*, l'émetteur du flux représente le NR, le récepteur de flux représente le NI. Dans ce mode, l'émetteur de flux envoie le message QUERY, ce message est forwardé par les entités NF jusqu'au récepteur de flux. Ce dernier répond par le message RESERVE afin d'initier la réservation entre lui et l'émetteur du flux. Le NR peut répondre avec le message RESPONSE suite à la réception du message RESERVE.

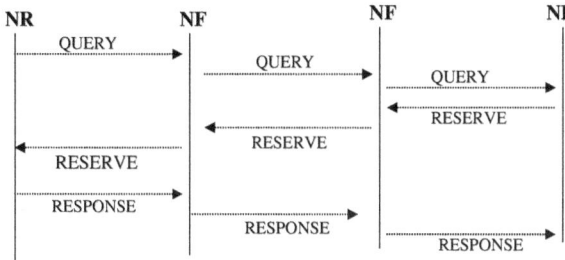

Figure 18. Réservation de ressources initiées par le récepteur du flux

4. Le protocole NSIS et la mobilité

La mobilité du terminal mobile mène à un changement de route, mais ce changement n'est pas uniquement lié au déplacement du terminal mobile, car le changement de route peut être lié également à l'adaptation de routage suite au changement de conditions dans le réseau. Il peut également être lié aussi au 'host multi-homing', dans ce cas le terminal à plusieurs chemins de communication en parallèle, et donc plusieurs interfaces réseaux à sa disposition ou bien il y a un réseau entre lui et le reste du réseau qui contient des chemins redondants (un site multi-homing). Les auteurs dans [43], ont analysé l'effet de la mobilité sur le protocole NSIS. Nous présentons, dans ce qui suit, l'impact de la mobilité sur le protocole NSIS.

4.1 Les problèmes de signalisation dans un environnement mobile

La mobilité IP dans sa forme la plus simple inclut uniquement le changement de route, les différents protocoles qui visent à supporter la mobilité des terminaux utilisent différentes techniques afin de proposer des solutions en accord avec cet environnement. Les problèmes de signalisation liés à la mobilité peuvent avoir des impacts significatifs sur le fonctionnement du protocole NSIS. Nous identifions, ci-dessous, un certain nombre de problèmes de signalisation dans un environnement mobile.

- Le handover de type Ping-pong : le protocole de signalisation doit supprimer les ressources sur l'ancien chemin de données pour ne pas dégrader l'ensemble des ressources réseau. Cependant, dans un handover de type Ping-pong, le nœud mobile retourne à son ancien routeur d'accès après être resté connecté un petit moment sur le nouveau routeur d'accès. Dans ce cas, il est plus intéressant de garder les ressources sur l'ancien chemin afin de minimiser la signalisation nécessaire à la mise en place des ressources sur l'ancien chemin.

- Le problème de la double réservation : avant de mettre en place les ressources sur le nouveau chemin, le problème de la double réservation sur l'ancien chemin et sur le chemin en commun est présent car la réservation de ressources est faite sur tout le chemin, ce qui mène à un gaspillage des ressources réseau.

- le problème de la signalisation end-to-end : la mobilité du terminal peut engendrer un changement d'identificateur de flux (changement d'adresse IP, par exemple). Dans ce cas, le système à besoin d'une signalisation end-to-end, une signalisation importante qui a pour conséquence une dégradation significative des performances.

- L'échange de clés de sécurité : après le handover, les nœuds sur le nouveau chemin doivent vérifier les messages de signalisation en provenance du MN (Mobile Node) et vice versa, ce qui pose un problème important du point de vue sécurité avec l'échange des clés nécessaire pour sécuriser la communication.

- Les mécanismes d'autorisation et d'authentification : la mise à jour du chemin après le handover, peut être initiée par le MN ou le CN (Correspondant Node) ou une autre entité réseau (le MAP par exemple dans HMIP), cette mise à jour par une autre entité que le MN nécessite des mécanismes de sécurité tels que l'autorisation et l'authentification.

- L'identification du CRN (Crossover Node) : le CRN est le nœud à partir duquel l'ancien et le nouveau chemin fusionnent suite à un handover. Dans un environnement mobile, l'identification du CRN par le protocole de signalisation est une tâche particulièrement difficile.

- Le problème du changement de route et le délai nécessaire pour la mise à jour de la signalisation sur l'ensemble du chemin.

4.2 Les opérations de base pour le support de la mobilité

Cette section décrit les opérations de base réalisées par le protocole NSIS après un changement de route suite à un handover. Ces opérations incluent la découverte du CRN et la mise à jour du chemin emprunté par la signalisation en tenant compte de la direction des flux de données.

4.2.1 Changement de route suite à la mobilité

Le changement de route causé par la mobilité du terminal est le résultat du changement de point d'attachement sur le réseau. Le changement de route en général, n'entraîne pas un changement de « flow identifier », par contre, la mobilité du terminal peut être à l'origine du changement du «flow identifier». Comme la session reste la même après le déplacement de l'utilisateur, le «flow identifier» ne peut pas être considéré comme un identificateur de session pour les applications de signalisation. On retiendra en général, le session identifier (SID) comme identifiant de session. La mobilité, en générale, crée trois types de chemins : un chemin commun, un ancien chemin et un nouveau chemin (voir figure 19).

La figure 19 représente l'impact de la mobilité du terminal sur la topologie de la signalisation NSIS. Le sens **Downstream** est la direction de l'émetteur de données vers le destinataire. Le sens **Upstream** est la direction du destinataire de données vers l'émetteur.

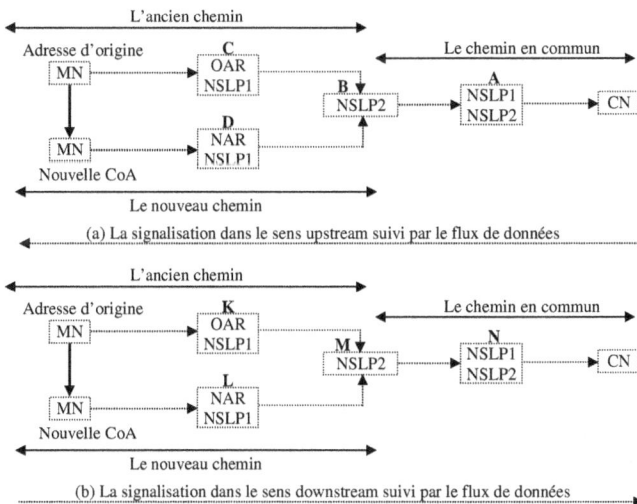

Figure 19. L'impact de la mobilité du terminal sur la topologie de la signalisation NSIS

Le changement de topologie, suite à la mobilité du terminal rend l'établissement de l'état NSIS sur l'ancien chemin inutile mais nécessaire sur le nouveau chemin. De plus, la mise à jour de l'état NSIS sur le chemin en commun doit être réalisée, c'est le rôle de la procédure « **Path Update** », cette procédure rétablit l'état du protocole NSIS sur le nouveau chemin, supprime l'état sur l'ancien chemin et met à jour l'état sur le chemin en commun, elle vise à améliorer la gestion de la mobilité. Pour éviter le problème de la double réservation de ressources sur le chemin en commun et minimiser la signalisation end-to-end, la procédure « **Path Update** » doit être réalisée par une entité spéciale qui représente le point de fusion entre l'ancien et le nouveau chemin (c'est l'entité CRN). NTLP doit détecter le changement de route à travers les différents mécanismes décrits par H. Schulzrinne et al. [41] au niveau transport, et informer l'application de signalisation de la couche NSLP afin de réaliser la procédure « **Path Update** ».

4.2.2 La découverte du CRN

4.2.2.1 Les approches possible pour la découverte du CRN

La découverte du CRN peut être réalisée soit par la couche NTLP, soit par la couche NSLP. NSLP peut utiliser les messages de signalisation envoyés par le NI (NSIS Initiator) afin de découvrir le CRN. Par exemple, NSLP, dans un nœud NSIS, peut comparer le SII (Source Identification Information) contenu dans les messages de signalisation reçus avec le SII qui a été identifié précédemment dans le même nœud afin de déterminer le CRN. Le CRN peut être identifié, également, par la couche NTLP, cette dernière est responsable de la détection du changement de route de la signalisation. La découverte du CRN peut être considéré comme une extension au mécanisme « peer discovery » réalisé par la couche NTLP. D'un point de vue signalisation, la découverte du CRN peut être couplé ou non couplé. Dans le premier cas (couplé), la découverte du CRN se fait simultanément avec la procédure « **Path Update** ». Dans le second cas (non couplé), la procédure « **Path Update** » est réalisée après la découverte du CRN. En général, le mode couplé est plus efficace que le mode non couplé car il réduit la signalisation à travers le traitement simultané du « **Path Update** » et de la découverte du CRN.

4.2.2.2 La procédure utilisée pour la découverte du CRN

Plusieurs identificateurs de base peuvent être utilisés par la couche NTLP afin de découvrir le CRN tels que :

- Le session identifier (SID) : le SID dans un message GIST est utilisé pour identifier la session durant le handover car il s'agit d'un identificateur unique de session.
- Le flow identifier (MRI) : le MRI peut changer suite à un handover. Un changement de MRI indique un changement de topologie pour le CRN et donc le besoin de faire le « **Path Update** ».

- Le signaling application identifier (NSLP_ID) : le NSLP_ID est utilisé pour identifier le NSLP correspondant à la couche NTLP et participe avec les messages « peer discovery » de GIST à la découverte du NSLP CRN.

- Le NSLP branch identifier (NSLP_BR_ID) : le NSLP_BR_ID identifie une branche de la signalisation NSIS. NSLP_BR_ID est utilisé pour établir ou supprimer les associations NSIS, il peut être utilisé comme identificateur afin de déterminer le CRN par la couche NTLP.

Exemple :

Sur la figure 19 et dans le sens upstream, le nœud A demande une « messaging association » pour envoyer son message vers le nœud D suite au changement de route. Dans ce cas, le nœud A crée un NSLP_Br_ID pour NSLP1 vers le nœud D et incrémente le compteur NSLP_Br_ID afin de différencier localement chaque identificateur d'interface virtuelle entre les NSLP adjacents. Le NSLP_Br_ID correspondant est 1-D-#2 : 2, D et #2 indique respectivement le NSLP_ID_flow, la direction du flux (upstream ou downstream) et la valeur du compteur de branche. NSLP_Br_ID peut être inclus dans les messages NSIS. Après le handover et afin de découvrir le CRN, une comparaison est faite entre les différents identificateurs inclus dans les messages NSIS reçus et qui sont initiés par le NI et les précédents identificateurs sauvegardés dans le même nœud. Ainsi, les changements concernant les identificateurs NSLP_ID, SID, MRI et le NSLP_Br_ID permettent de déterminer qu'un nœud est un CRN.

4.2.3 La mise à jour du chemin de signalisation

La découverte du CRN est lié au sens du flux de signalisation (upstream ou downstream) et par conséquent la mise à jour du chemin de signalisation est également liée à ces deux sens. La procédure « **Path Update** » peut donc être divisée en une procédure « **upstream Path Update** » et une procédure « **downstream Path Update** ». Dans les deux cas, le protocole NSIS doit interagir avec les protocoles de mobilité afin de minimiser la signalisation nécessaire à la procédure « **Path Update** ».

Dans ce qui suit, nous supposons que le MN est l'émetteur de flux. Avant de commencer la mise à jour du chemin de données, le MN ou le CN à besoin de vérifier la disponibilité des ressources sur le nouveau chemin, il a besoin également de mécanismes d'authentification et d'autorisation afin de sécuriser l'envoi des messages de signalisation. Dans le cas de QoS NSLP, le message QUERY peut être utilisé pour vérifier la disponibilité des ressources sur le nouveau réseau d'accès, dans ce cas il est souhaitable de lui donner une priorité élevée afin d'être privilégié par les nœuds traversés par rapport aux autres messages de signalisation.

Avec la procédure « **downstream Path Update** » et si les ressources sont disponibles, le MN initialise la signalisation NSIS pour installer l'état sur le nouveau chemin vers le CN, la découverte du « downstream CRN » est réalisée d'une manière implicite par la signalisation. Après la découverte du « downstream CRN », ce dernier envoie un message de réponse vers le MN afin de lui indiquer l'installation de l'état sur le chemin entre lui et le MN. Par la suite, le « downstream CRN » envoie un message vers l'ancien routeur d'accès afin de supprimer l'état sur l'ancien chemin. Il envoie, également, un message de rafraîchissement vers le destinataire de flux afin de rafraîchir le chemin commun entre le MN et le CN.

Avec la procédure « **upstream Path Update** », le CN envoie un message de rafraîchissement vers le MN afin de réaliser la mise à jour du chemin de signalisation. La découverte du « upstream CRN » est réalisée d'une manière implicite par les messages de signalisation. Après la découverte du « upstream CRN », ce dernier envoie un message de rafraîchissement vers le MN sur le nouveau chemin. Il envoie, également, un message vers l'ancien routeur d'accès afin de supprimer l'état sur l'ancien chemin.

5. Conclusion

Nous avons présenté dans ce chapitre l'architecture en deux couches adoptée par le groupe de travail NSIS. Cette architecture vise à fournir les mécanismes nécessaires au transport de la signalisation, indépendamment de l'application qui l'a génère en se basant sur le protocole GIST qui représente la couche NTLP. Nous avons présenté, également, l'application de signalisation QoS NSLP qui est l'une des applications pouvant être supportée par la couche NSLP. La dernière partie du chapitre est consacrée à l'impact de la mobilité du terminal sur le protocole NSIS. Cet impact concerne, en particulier, à la double réservation de ressources, l'identification du Crossover Node ainsi qu'à la signalisation end-to-end. Afin de présenter notre approche sans réservation de ressources à l'avance, le chapitre suivant est consacré à l'application de la technologie agent dans les réseaux sans fil.

Chapitre 4 – Agents et réseaux sans fil

1. Introduction

Depuis le début des années 90, la technologie agent est devenue un domaine de recherche prometteur principalement dans le cadre des réseaux sans fil. Cette technologie a émergé également dans d'autres domaines, comme la réalisation d'interface utilisateur intelligente, l'assistance personnelle, le calcul distribué, la recherche d'informations, les services de télécommunications et la gestion de services dans les réseaux.

En effet, cette nouvelle technologie offre une solution permettant de faire face à la complexité des environnements distribués puisque les solutions agents peuvent :

- Réduire la charge de trafic (grâce à leur propriété d'autonomie) ;
- Permettre la fourniture « à la demande » de services adaptés aux besoins de l'utilisateur (par l'intermédiaire d'agent migrant dynamiquement du fournisseur de services vers le terminal de l'utilisateur) ;
- Augmenter la flexibilité, la réutilisation et l'efficacité des logiciels de gestion de réseau.
- Personnaliser et intégrer différents services en fonction de la QoS négociée ;
- Traiter la quantité importante d'information.

Dans ce qui suit, nous allons présenter l'application de la technologie agent dans le cadre des réseaux sans fil. Les agents seront principalement utilisés dans ce contexte pour améliorer les méthodes de localisation du terminal mobile ainsi que les protocoles de mobilité existants, contrôler la signalisation sur le réseau, réduire les accès au support sans fil et adapter le handover aux besoins de l'utilisateur. Nous commençons, tout d'abord par donner une définition des agents.

2. La technologie agent

2.1 Définition d'un agent

Dans la littérature, nous trouvons plusieurs définitions se rapportant aux agents qui se ressemblent mais qui diffèrent cependant selon le type d'application pour lequel l'agent est conçu. D'après Ferber [44], un agent est une entité physique ou virtuelle qui agit dans un environnement, communique directement avec d'autres agents, possède des ressources propres, est capable de percevoir partiellement son environnement et possède des compétences.

Sycara et Wooldridge [45] ont proposé la définition suivante : un agent est un système informatique, situé dans un environnement, qui agit d'une façon autonome et flexible afin d'atteindre les objectifs pour lesquels il a été conçu.

H. Jens et all [46] ont donné la définition suivante : « Un agent est un morceau de logiciel qui peut accomplir une tâche prédéfinie spécifique de façon autonome (au nom d'un utilisateur ou d'une application) ».

En général, un agent représente un composant logiciel réutilisable qui fournit un accès contrôlé à des services et des ressources. Le comportement de chaque agent est contraint par des politiques qui sont définies par des agents de contrôle de haut niveau.

La figure 20 représente un agent dans son environnement ; l'agent est activé en entrée par les capteurs de l'environnement et produit en sortie des actions.

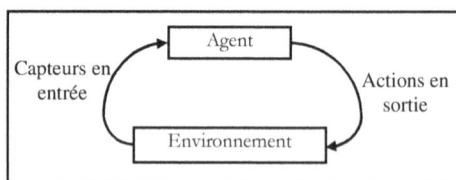

Figure 20. L'agent dans son environnement

T. Magedanz et all identifient deux types principaux d'agent [47] : les agents mobiles et les agents intelligents.

2.2 Agents mobiles

Les agents mobiles sont des entités logicielles qui peuvent se déplacer dans le réseau de leur propre initiative ; ils se déplacent d'une machine à une autre et communiquent avec d'autres agents ou accèdent aux ressources du serveur. Les agents mobiles suscitent un grand intérêt depuis quelques années pour leur capacité à supporter les interactions asynchrones et à réduire le trafic lié aux interactions client/serveur [48].

La technologie agents mobiles permet également de :

- Fournir une exécution de tâche asynchrone. Ainsi, la dépendance entre les clients et les applications serveur peut être réduite et un traitement automatique de tâche est présenté.

- Déplacer un programme vers un serveur à distance pour le développement d'un nouveau type d'applications réparties. Les services ne sont plus liés à un certain environnement. Au lieu de cela, ils peuvent être dynamiquement installés et utilisés là où ils sont nécessaires.

- Utiliser la technologie agent mobile pour réaliser une meilleure exploitation des ressources. En transférant des applications du client au serveur et en exécutant des appels locaux de procédure au lieu des appels extérieurs, réduisant ainsi le trafic réseau.

Les principaux attributs d'un agent mobile sont la mobilité du code, des données et de l'état (état d'un processus, d'une machine ou d'un protocole). Ceci permet à des entités logicielles de se déplacer de façon autonome à travers le réseau afin d'accomplir des tâches spécifiques [46].

Mais les avantages principaux des agents mobiles sont dus à la mobilité de code qui permet de réaliser des interactions asynchrones et de réduire le coût de la communication.

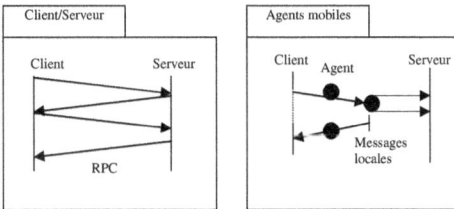

Figure 21. Le paradigme des agents mobiles

L'informatique répartie traditionnelle est généralement basée sur le modèle client/serveur qui est fréquemment lié au mécanisme de RPC (Remote Procedure Call).

Quand un RPC est appelé, des paramètres sont envoyés au serveur pour exécuter la procédure et le résultat est renvoyé au client. Comme décrit dans la partie gauche de la figure 20, chaque RPC exige l'établissement d'un canal de communication.

La partie droite de la figure 21 montre l'utilisation des agents mobiles ; la mobilité de code permet à une partie du programme client de se déplacer vers le serveur, d'agir localement et de revenir au client, une fois les interactions exécutées. Les améliorations d'exécution dépendent de la bande passante du réseau et du nombre de messages qui peuvent être optimisés dans le réseau.

Un grand nombre d'applications peuvent profiter des avantages de l'utilisation des agents mobiles. Les agents mobiles peuvent être une solution élégante pour le commerce électronique, pour la recherche d'informations dans les bases de données, la gestion de réseau et le calcul mobile.

Enfin, la sécurité est toujours le point faible des agents mobiles et représente un domaine de recherche important.

2.3 Agents intelligents

Un agent intelligent est une entité logicielle qui réalise des opérations pour le compte d'un usager (ou d'un autre programme) avec un certain degré de liberté et d'autonomie et qui, pour ce faire, exploite des connaissances ou des représentations des désirs et des objectifs de l'usager [49].

H. Jens et all [46] ont donné la définition suivante: « un agent intelligent est une entité logicielle qui peut exécuter des tâches basées sur la connaissance et le raisonnement interne, où les aspects tels que la communication et la négociation entre agents sont fondamentaux ». Habituellement, la mobilité n'est pas considérée comme une propriété des agents intelligents.

N.R. Jennings et all [50] proposent la définition suivante : « Un agent intelligent est un système informatique, situé dans un certain environnement, qui est capable de réaliser des actions flexibles et autonomes afin de répondre à ses objectifs de conception ».

Un système multi-agents est un ensemble organisé d'agents. Il est constitué d'une ou de plusieurs organisations que structurent les règles de cohabitation et de travail collectif entre agents ; dans un même système, un agent peut appartenir à plusieurs organisations [51].

Les systèmes multi-agents existants sont composés d'agents réactifs ou cognitifs suivant le problème traité.

2.4 Les caractéristiques multidimensionnelles d'un agent

Un agent est caractérisé par [44] :

- *La nature* : un agent est une entité physique ou virtuelle ;

- *L'autonomie* : un agent est indépendant de l'utilisateur et des autres agents ;

- *L'environnement* : c'est l'espace dans lequel va agir l'agent ; il peut se réduire au réseau constitué par l'ensemble des agents ;

- *La capacité de représentation* : l'agent peut avoir une vision très locale de son environnement mais il peut aussi avoir une représentation plus large de cet environnement et notamment des agents qui l'entourent ;

- *La communication* : l'agent aura plus ou moins de capacité à communiquer avec les autres agents ;

- *Le raisonnement* : l'agent peut être lié à un système expert ou à tout autre mécanisme de raisonnements plus ou moins complexes ;

- *L'anticipation* : l'agent peut avoir les capacités d'anticiper les événements futurs ;

- *L'apprentissage* : un agent peut extraire, stocker et réutiliser des informations demandées ou reçues de son environnement ;

- *La contribution* : l'agent peut participer à la résolution de problèmes ou à l'activité globale du système ;

- *L'efficacité* : l'agent doit avoir la capacité d'agir et d'intervenir rapidement.

2.5 Architecture concrète pour un agent

Il existe quatre classes d'agents :

- Les agents logiques : les décisions prises par les agents sont basées sur des déductions logiques ;

- Les agents réactifs : les décisions prises par les agents sont basées sur une correspondance entre les situations et les actions ;

- Les agents BDI : les états internes des agents sont exprimés sous la forme de croyance (Belief), de désirs (Desire) et d'intentions (Intention), la prise de décision est basée sur l'état interne de l'agent ;

- Les agents multi-niveaux : l'approche multi-niveaux est utilisée pour organiser les connaissances internes des agents.

2.5.1 L'architecture d'agents logiques

Les connaissances des agents sont décrites sous la forme d'expression logique. L'agent utilise la déduction logique pour résoudre les problèmes et pour caractériser son comportement [52].

Pour comprendre les principaux problèmes liés à cette approche, nous examinons un agent dont la base de faits est constituée par les formules logiques suivantes :
Ouvert (valve).
Température (réacteur).
Pression (réservoir).

Ces formules représentent l'environnement de l'agent, si l'agent pense que la valve est ouverte, alors il possède le fait *Ouvert* (valve) dans sa base, mais la présence de ce fait n'implique pas que la réalité de son environnement soit en accord avec ce fait. Pour cela, il suffit que le capteur fonctionne mal, ou que le raisonnement qui a conduit à la production de ce fait soit faux ou que l'interprétation de la formule *Ouvert* soit complètement différente selon le concepteur de l'agent et l'agent lui-même. Dans la pratique, l'approche logique est peu réalisable dans des environnements complexes, et fortement dynamiques.

2.5.2 L'architecture réactive

Les approches réactives sont issues des problèmes et limites rencontrées par l'approche logique.

Pour bien mesurer l'apport des approches purement réactives, nous allons examiner l'architecture de « Subsomption » (de Subsumer, mettre sous) de Rodney Brooks [53], qui est considérée comme la plus représentative. Dans cette architecture le comportement de l'agent est vu à travers une fonction « agir » qui lui est propre.

La fonction « agir » décide de l'action à accomplir en fonction des informations sur l'environnement de l'agent. L'agent possède des fonctions et des tâches spécifiques à accomplir, qui fonctionnent en parallèle, les fonctions manipulent une représentation symbolique simplifiée et ne raisonnent pas directement sur cette représentation.

Les règles de décision sont de la forme situation $\rightarrow$ action, elles font correspondre une action à un ensemble de perceptions.

2.5.3 L'architecture BDI

Dans cette approche, le raisonnement nécessite deux processus importants, le premier processus fixe les buts à atteindre, c'est-à-dire se demander quoi faire, le deuxième processus pose la question comment faire pour les atteindre [55].

Formellement un agent BDI est caractérisé par :
Bel : l'ensemble des croyances possibles.
Des : l'ensemble des désirs possibles.
Inten : l'ensemble des intentions possibles.

L'état de l'agent est décrit à tout moment par le triplet (B, D, I) où B ⊆ Bel, D ⊆ Del, I ⊆ Inten.

Chaque agent BDI est décomposé en au moins sept niveaux fonctionnels, ces niveaux sont les suivants [55] :

- Un ensemble de croyances courantes (B) sur son environnement ;
- Une fonction de révision de ses croyances (brf) qui calcule ses nouvelles croyances à partir des croyances courantes et des nouvelles perceptions de son environnement ;
- Une fonction de génération de ses options pertinentes (options) qui représentent ses désirs possibles conformément à ses intentions, cette fonction est responsable des actions mises en œuvre, elle doit produire des options consistantes ;
- Une fonction de filtre (filtre) qui représente la phase initiale (quoi faire) de son processus de raisonnement, elle active ses nouvelles intentions en fonctions de ses croyances, options, et intentions courantes. Cette fonction élimine les intentions devenues irréalistes ou incohérentes ;
- Un ensemble d'intentions courantes (I), représentant ses centres d'intérêts actuels ;
- Une fonction de sélection (exécuter) de l'action à exécuter, cette fonction renvoie une intention exécutable qui correspond à une action ;
- Une fonction « agir » de décision.

La figure 22 montre l'architecture d'un agent BDI.

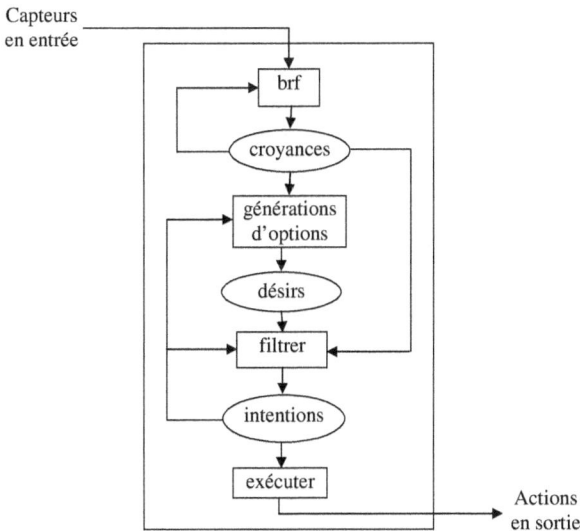

Figure 22. Architecture d'un agent BDI

2.5.4 L'architecture multi-niveaux

L'objectif des architectures multi-niveaux est de faire une synthèse constructive sur les approches réactive et pro-active. L'approche pro-active veut dire que l'agent est capable, sur sa propre initiative, de fixer des buts pour atteindre ses objectifs.

Dans ces architectures il existe au moins deux modes de contrôle des échanges d'information entre les niveaux [55].

- Le contrôle horizontal : les modules sont connectés aux capteurs en entrée et à des actions en sortie, chaque module se comporte comme un agent, l'architecture comporte **n** niveaux et **m** actions possibles par niveau, il y a donc **m*n** interactions possibles.

La figure 23 montre l'architecture horizontale.

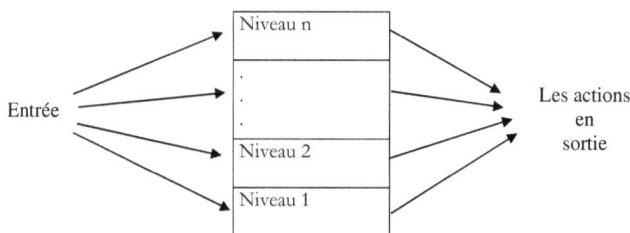

Figure 23. Architecture horizontale

- Le contrôle vertical : il y a un module qui gère les capteurs en entrée et un autre qui gère les actions en sortie. On utilise un contrôle des flux d'information entre les niveaux, le contrôle est basé soit sur le mode à une passe soit sur le mode à deux passes.

Les flux d'information dans le mode à une passe arrivent sur un module spécialisé, puis traverse en séquence les autres modules jusqu'au dernier qui pilote la sortie.

Dans le mode à deux passes, les flux d'information suivent le même chemin que dans le mode à une passe, puis redescendent l'architecture en sens inverse pour revenir au module interface de l'agent.

La figure 24 représente l'architecture verticale.

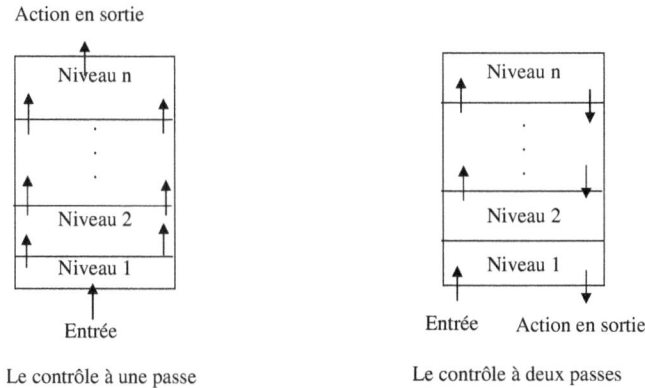

Figure 24. Architecture verticale

3. Les Systèmes Multi-Agents

Un système multi-agents est un ensemble organisé d'agents. Il est constitué d'une ou plusieurs organisations qui structurent les règles de cohabitation et de travail collectif entre agents, dans un même système, un agent peut appartenir à plusieurs organisations [56, 57].

3.1 Communication entre agents

Un agent doit être capable de communiquer avec les autres agents. Les agents communiquent entre eux en échangeant des messages. L'envoi et la réception de messages forment le niveau élémentaire de communication entre les agents [52, 54].

L'agent peut participer à un dialogue en étant passif ou actif. Un agent passif doit accepter les questions des autres agents et répondre à leurs questions. Un agent actif doit proposer et envoyer des interrogations.

Dans un dialogue, les agents alternent les rôles actifs et passifs, et échangent des séries de messages en respectant des protocoles biens précis, ce sont les protocoles de coordination, de coopération et de négociation que nous présentons brièvement dans ce qui suit.

3.1.1 Les protocoles de coordination

Les agents fonctionnent suivant deux principes : les engagements et les protocoles de coordination.

Les engagements sont des structures qui permettent à un agent de s'engager à faire un ensemble d'actions vis-à-vis de lui-même et des autres agents. Les protocoles de coordination lui permettent de gérer ces engagements dans le cas où les circonstances dans lesquelles ils ont été élaborés, évoluent [52, 58].

Ils définissent aussi sous quelles conditions les engagements peuvent être revus et quelles sont alors les actions à prendre.

Les protocoles de coordination aident les agents à gérer leurs engagements, mais ne disent rien sur ce qu'un agent doit faire vis-à-vis des autres agents, quand l'agent modifie ses engagements.

3.1.2 Les protocoles de coopération

La coopération entre les agents consiste à décomposer les tâches en sous-tâches puis à les répartir entre les différents agents, il existe plusieurs décompositions possibles, le processus de décomposition doit donc tenir compte des ressources disponibles et des compétences des agents.

La décomposition peut être faite soit par le concepteur, ou par les agents eux-mêmes, grâce à des techniques de planification hiérarchisées ou bien elle est inhérente à la représentation du problème [52, 58].

Les mécanismes utilisés pour distribuer les sous-tâches aux agents sont :

- L'économie de marché : les tâches sont allouées aux agents sur le principe de l'offre et de la demande, elles sont considérées comme des marchandises qui ont une valeur (achat/vente).
- Le contrat Net : annonces, offres et cycles d'attribution.
- La planification multi-agents : les agents planificateurs ont la responsabilité de la répartition des tâches.
- Les structures organisationnelles : certains agents ont des responsabilités fixes pour des tâches particulières.

3.1.3 La négociation

La négociation intervient lorsque des agents interagissent pour prendre des décisions communes, alors qu'ils poursuivent des buts différents.
Les trois principales voies de recherche sur la négociation sont [52] :

- Les langages de négociation : il s'agit d'étudier les primitives de communication pour la négociation, leur sémantique et leur usage dans les protocoles.
- Le processus de négociation : il s'agit de proposer des modèles généraux de comportements des agents en situation de négociation.
- Le processus décisionnel : il s'agit d'étudier les algorithmes de comparaison des sujets de négociation, les fonctions d'utilité, et les caractéristiques des préférences des agents (positions, concessions et critères de compromis).

De nombreuses techniques de négociation ont été proposées. Elles sont, soit centrées sur l'environnement, soit centrées sur les agents.

L'idée de la négociation centrée sur l'environnement est de voir comment on peut agir sur l'environnement, en décrivant les règles qui régissent son fonctionnement, pour faciliter le bon fonctionnement des agents dans la résolution de conflit via la négociation.

Pour la négociation centrée sur l'agent, le problème n'est plus d'adapter le contexte à la négociation, mais le comportement de l'agent compte tenu des propriétés du contexte donné.

4. Les agents dans les réseaux sans fil

Toutes les entreprises et tous les secteurs d'activité sont concernés, aujourd'hui, par les LAN sans fil (WLAN), car ils libèrent l'utilisateur de sa dépendance à l'égard des accès câblés au backbone, lui offrant un accès permanent et omniprésent. Cette liberté de mouvement offre de nombreux avantages pour l'utilisateur tels que :
- un accès omniprésent au réseau ;
- un accès au réseau simple et en temps réel ;
- un accès plus rapide et étendu aux bases de données de l'entreprise.

Les WLAN offrent également une plus grande souplesse. Ils permettent notamment la mise en place des transmissions dans des lieux où la pose de câble est difficile, voir impossible.

Toutefois ce type de réseau pose également quelques problèmes, liés aux aspects suivants :
- Le changement dynamique de la topologie du réseau et des ressources ;
- La complexité de gestion de la mobilité ;
- Les caractéristiques spécifiques du canal radio ;
- Les déconnexions soudaines et fréquentes ;
- La limitation des ressources pour le terminal.

- Le délai et le débit très variables car dépendant de plusieurs facteurs tels que le nombre d'utilisateurs, les interférences, le multipath, etc.

4.1 Communication des agents dans les environnements sans fil

La communication entre agents dans un environnement sans fil peut s'effectuer à différents niveaux et de différentes façons.

4.1.1 Les couches de communication

La communication entre agents dans un environnement sans fil peut être divisée en quatre couches [59]. La figure 24 présente les différentes couches de communication :

- La couche d'Interaction (Interaction Protocol Layer) : Cette couche contient les protocoles d'interaction entre les parties communicantes tels que, les protocoles d'interaction de FIPA [60].
- La couche de Langage de Communication (Communication Language Layer) : Cette couche définit le contenu des messages échangés entre les parties communicantes. Comme exemples de langages de communication agent appartenant à cette couche, nous pouvons citer FIPA ACL [60] et KQML [61].
- La couche de Message (Message Transport Layer) : Il s'agit de la couche de transmission des messages. Des protocoles comme HTTP [62], Java RMI [63], GIOP [64] et les niveaux hauts du protocole WAP [65] appartiennent à cette couche.
- La couche de Transport (Transport and Signaling Protocol Layer) : Cette couche implémente les mécanismes de transport du réseau. Nous pouvons citer ici, les protocoles TCP/IP, les protocoles de niveau bas de WAP, SMS de GSM, et MDCP [66, 67].

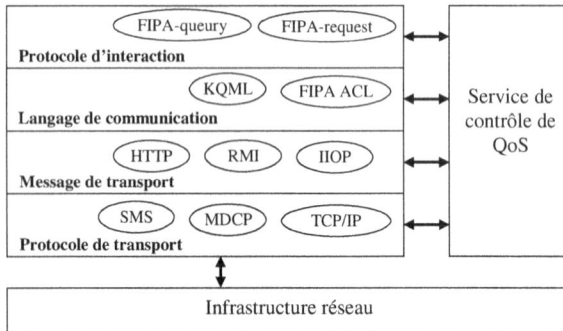

Figure 25. Les couches de communication des agents

4.1.2 Les scénarios de communication

La figure 26 montre les différents scénarios de communication agents dans un environnement sans fil. Le cas 1 est le plus typique. Le terminal mobile est assez puissant pour supporter un certain nombre d'agents. Les agents sur le terminal mobile communiquent à travers le lien sans fil avec d'autres agents sur le réseau fixe, et peuvent migrer du terminal mobile vers le réseau fixe.

Dans le cas 2, le terminal mobile ne peut pas pleinement exploiter la technologie agents en raison des limitations liées au matériel et au logiciel. Cependant, grâce à un outil autonome de contrôle d'agent dans le terminal, un utilisateur peut, par exemple, lancer l'exécution des agents sur le réseau fixe et récupérer le résultat obtenu. Dans les deux cas, le mobile communique avec un TCA (Terminal Communication Agent) situé sur le réseau fixe. Le TCA agit en tant que proxy pour le terminal mobile quand celui-ci est dans un état débranché. Une fois que le terminal mobile est connecté au réseau fixe, probablement avec une nouvelle adresse IP, il informe son TCA de sa nouvelle adresse IP. Le TCA prend ensuite le soin d'envoyer cette information vers les agents concernés.

Dans le cas 3, l'utilisateur peut, par exemple, avoir un téléphone numérique qui est utilisé pour contrôler des agents sur le réseau fixe, et les agents peuvent utiliser ce téléphone pour communiquer avec l'utilisateur. Ainsi, un agent peut envoyer un SMS à l'utilisateur une fois qu'il a fini sa tâche. Pour ce genre de communication, il y a un UCA (User Communication Agent) situé sur le réseau fixe.

Les cas 4 et 5 représentent une communication entre l'utilisateur et les agents sur le terminal mobile. La différence réside dans l'interface utilisateur. Dans les terminaux puissants un agent peut avoir une interface utilisateur graphique avancée, mais dans certains cas, le terminal mobile ne peut pas supporter une interface utilisateur [68].

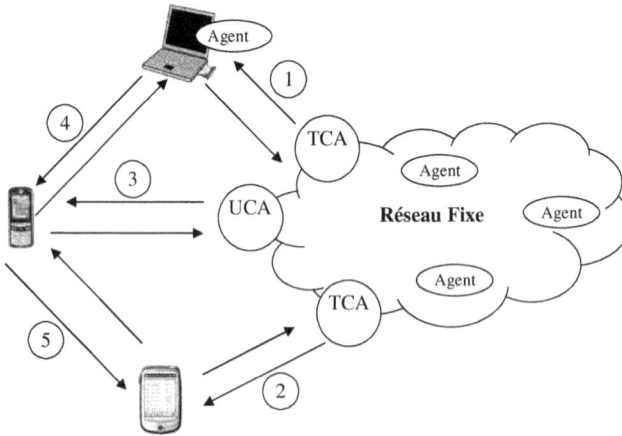

Figure 26. Communication des agents dans un environnement sans fil

4.2 Application des agents dans les réseaux sans fil

Il existe, encore, peu de travaux basés sur les systèmes multi-agents dans le domaine des réseaux sans fil. Nous pouvons citer, cependant, l'étude sur la communication des agents mobiles dans un environnement sans fil avec quelques solutions proposées dans ce contexte [69], l'utilisation des agents intelligents pour la gestion de réseaux hétérogènes [70], la proposition d'une architecture multi-agents pour maîtriser le M-commerce [71], la définition d'un scénario de référence utilisant des agents fixes et mobiles afin de garantir la QoS entre un serveur et un terminal mobile [72] et l'implémentation d'un service d'opérations bancaires à domicile basée sur l'utilisation d'agents mobiles [73].

Plus généralement, nous avons identifié cinq grands domaines d'utilisation de la technologie agent dans les réseaux sans fil que nous présentons dans les sections suivantes.

4.2.1 La localisation du terminal mobile

Dans quelques années, les réseaux sans fil fourniront à des applications multimédias, des débits élevés et une bonne qualité de service. Pour cela, une méthode efficace consistera à localiser le terminal mobile afin de lui allouer les ressources nécessaires [74, 75, 76]. La localisation du terminal mobile deviendra, ainsi, une partie intégrante des systèmes de gestion de réseau sans fil.

Plusieurs méthodes sont proposées dans la littérature pour déterminer la localisation des terminaux mobiles dans un environnement sans fil. Elles sont basées sur les mesures AoA (Angle of Arrival), ToA (Time of Arrival), ou RSS (Received Signal Strength) [77].

Une méthode simple pour localiser le terminal mobile est de réaliser des mesures pour déterminer le «radio path loss». Dans [78], la localisation du terminal mobile est basée sur la mesure de la propagation du « path loss » entre le terminal mobile et les stations de base (BSs) en s'appuyant sur les mesures RSS.

La technologie agent peut être utilisée dans ce cas pour améliorer les résultats obtenus et supporter ainsi la mobilité du terminal, mais pour cela il faut :

Prédire :
- Les futures localisations du terminal ;
- Les changements de QoS ;
- Les moments de déconnexions.

Apprendre :
- Les caractéristiques de la connexion réseau ;
- Le modèle de comportement de l'utilisateur ;
- Les préférences de l'utilisateur.

4.2.2 L'amélioration de l'efficacité d'un protocole de mobilité

La technologie agent peut être utilisée pour améliorer l'efficacité d'un protocole de mobilité comme IP-mobile. Ce protocole a été adopté par l'IETF pour assurer la mobilité dans un réseau IP. Cependant, il ne permet pas de maintenir parfaitement les performances d'une connexion lors de la mobilité de l'utilisateur. En effet, le temps de mise à jour des bases de données indiquant la nouvelle position de l'utilisateur peut dégrader la qualité de la connexion et avant l'arrivée de la requête de localisation, plusieurs paquets d'information peuvent être perdus car envoyés vers l'ancienne destination du mobile.

4.2.3 L'adaptation du handover au besoin de l'utilisateur

Les agents peuvent être utilisés dans les réseaux sans fil pour supporter le handover vertical. Un agent, par exemple, ayant déployé le logiciel de l'interface air pour une technologie radio, peut demander de façon autonome (selon les besoins applicatifs de l'utilisateur) le logiciel pour une autre technologie radio avant un handover vertical.

4.2.4 Le contrôle de la signalisation

La technologie agent mobile est utilisée pour le contrôle de la signalisation dans le réseau [79, 80]. Dans le cadre du projet RNRT IP-SIG [81], les agents sont utilisés, également, pour négocier dynamiquement les besoins de qualité de service, de sécurité et de mobilité de l'utilisateur sur le réseau sans fil.

4.2.5 Réduction des accès au sans fil

Les agents mobiles peuvent distribuer le code sur les équipements du réseau sans fil et sur les équipements mobiles. Le nombre d'échanges nécessaires sur le réseau pour fournir un service personnalisé peut ainsi être réduit. Ceci permet d'améliorer les performances du réseau sans fil en diminuant la consommation de bande passante et en abaissant la durée de latence.

4.3 Les problèmes liés à l'application des systèmes multi-agents dans les réseaux sans fil

Les principaux problèmes que l'on rencontre lors de l'application des agents dans un environnement sans fil sont liés à la sécurité, au coût, à l'interopérabilité et à l'implémentation.

La sécurité doit, en effet, jouer un rôle important dans la conception de l'environnement soutenant le déploiement d'agents, car donner à un agent un degré d'autonomie et d'intelligence important augmente le risque de dommages en cas de défaut de fonctionnement. De plus, pour empêcher toute attaque, l'accès aux ressources internes du réseau doit être très sécurisé. Une méthode pour empêcher les attaques de sécurité consiste à authentifier les utilisateurs, les agents et les terminaux [71].

Le coût en terme de migration d'agent doit, également, être pris en considération.

La compatibilité des plates-formes agent en termes de code et d'interfaces doit, de plus, être assurée [68].

Enfin, implémenter la technologie « agent mobile » dans un environnement sans fil est une tâche assez lourde. Cependant, le déplacement est, dans certains cas, nécessaire, par exemple, avant la déconnexion du terminal sur lequel il se trouve.

5. Conclusion

Les systèmes muti-agents constituent un thème de recherche en pleine évolution. Ils font intervenir plusieurs domaines de recherche tels que l'intelligence artificielle (IA), les systèmes répartis et la gestion de réseaux. Dans ce chapitre, nous avons présenté l'application de la technologie agent dans le cadre des réseaux sans fil. Les agents seront principalement utilisés dans ce contexte pour améliorer les méthodes de localisation du terminal mobile ainsi que les protocoles de mobilité existants, contrôler la signalisation sur le réseau, réduire les accès au sans fil et adapter le handover aux besoins de l'utilisateur.

Dans le chapitre suivant, nous présentons notre approche pour améliorer la qualité de service dans les réseaux IP mobiles en utilisant des réservations de ressources à l'avance, ces réservations se font en utilisant l'application de signalisation QoS NSLP.

Chapitre 5 – Amélioration de la QoS dans les réseaux IP mobiles : réservation de ressources à l'avance

1. Introduction

Notre approche pour améliorer la qualité de service dans un réseau IP mobile est basée sur le profil de mobilité de l'utilisateur, qui, une fois déterminé, permettra de réserver des ressources à l'avance pour le terminal mobile uniquement dans les cellules susceptibles d'être visitées. La détermination de cet ensemble de cellules est faite après une phase d'observation durant laquelle l'utilisateur étant nouveau, son profil de mobilité est inconnu du système. Durant cette phase, le système ne peut pas réserver les ressources à l'avance pour le terminal mobile. Dans ce cas, nous utilisons la technologie Agent afin d'améliorer la qualité de service pour cet utilisateur.

La figure 27 représente le traitement associé à chaque cas :

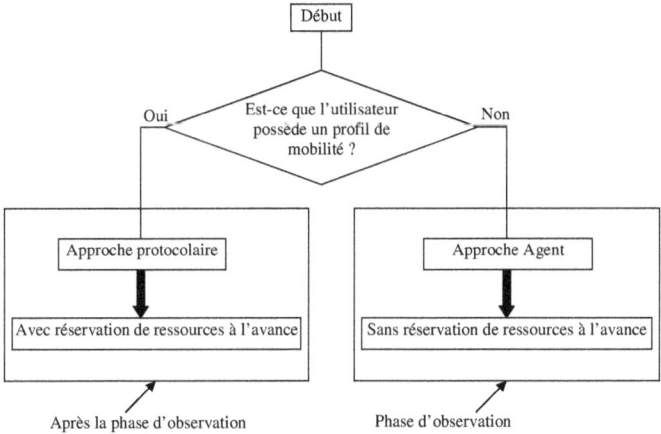

Figure 27. Les deux approches de la gestion de la QoS selon le type d'utilisateur

Notre approche pour améliorer la qualité de service dans un réseau IP mobile a été validée dans le cadre du projet RNRT IP-SIG [81], ce projet a visé :

- La définition d'une architecture de signalisation universelle qui est capable de mettre en place une connexion sécurisée tout en tenant compte des besoins de QoS et de mobilité.
- La définition d'un SLS standard.
- Une étude prospective sur la dynamisation du SLS.

Dans ce chapitre, nous présentons tout d'abord le profil de mobilité de l'utilisateur, ce profil est déterminé après une phase d'observation durant laquelle les différents mouvements de l'utilisateur sont analysés par le système. Nous présenterons, également, notre procédure de réservation de ressources à l'avance dans un réseau IP mobile en utilisant l'application de signalisation QoS NSLP.

2. Le profil de mobilité

Cette section décrit notre proposition concernant le profil de mobilité de l'utilisateur, ce profil est basé sur l'analyse du comportement de l'utilisateur afin de déterminer ses futures localisations. L'espace de mobilité de l'utilisateur est constitué de **N** cellules.

Le profil de mobilité de l'utilisateur est construit en se basant sur son (ses) comportement/mouvements suite à **m** associations avec le système constitué de **N** cellules.

Pour modéliser les mouvements de l'utilisateur entre les **N** cellules, nous avons opté pour les chaînes de Markov en temps continu. La raison de ce choix est basée sur le faite que les chaînes de Markov sont des systèmes sans mémoire, le passage d'un état E_i à un autre état E_j ou *transition*, ne dépend donc que de ces deux états et s'effectue selon la probabilité conditionnelle : Prob $(E_j / Ei) = P_{ij}$ (Probabilité de se trouver dans l'état E_j en fin de transition sachant qu'au début de la transition on était dans l'état initial E_i). Lors d'un handover, le passage d'une cellule à une autre ne dépendant que de ces deux cellules, les Chaînes de Markov en Temps Continu (CMTC) sont bien adaptés à ce type de traitement.

Notre système est un modèle pouvant évoluer entre **N** états définis par l'ensemble : $C = (C_1, C_2, \ldots C_i \ldots C_n)$ qui représente l'ensemble des **N** cellules.
Le système est à l'état i si le terminal mobile se trouve dans la cellule C_i.
P_{ij} est la probabilité de transition de la cellule C_i vers la cellule C_j.
$P_i(t_r)$ est la probabilité pour que le terminal mobile se trouve dans la cellule C_i à l'instant t_r.

Notre but est de construire un modèle comportemental de l'utilisateur afin de déterminer son profil de mobilité, ce dernier contiendra les informations suivantes :
- Un identificateur unique de l'utilisateur (User_id) ;
- Les préférences de l'utilisateur (User_P) ;
- La matrice M ;
- Le vecteur V ;
- Le MSpec (Mobility Specification) ;
- La decision de handover (extension du profil de mobilité pour la 4G) ;

2.1 Un identificateur unique de l'utilisateur (User_id)

Cet identificateur permet au système d'identifier l'utilisateur, il est unique.

2.2 Les préférences de l'utilisateur (User_P)

Cet attribut représente l'ensemble des préférences de l'utilisateur.

Exemple : quand l'utilisateur se déplace vers la cellule 1, qui couvre un espace de détente, il commence toujours par lancer un jeu vidéo durant 1h.

Les préférences de l'utilisateur sont déterminées après une *phase d'observation* durant laquelle le système observe le comportement de l'utilisateur. Périodiquement, le système teste si l'utilisateur change ou non son comportement.

La figure 28 représente la détermination des préférences de l'utilisateur :

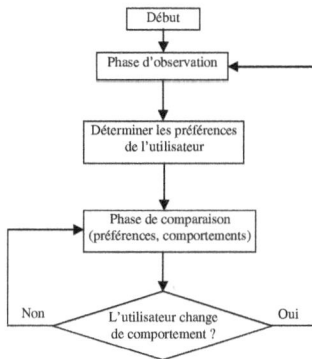

Figure 28. Les préférences de l'utilisateur

Le format proposé pour le User_P est le suivant :
User_P = < Preference ID> <Duration_P> <Cell_P> < QoS_level>

79

- *<Preference ID>* est un identificateur unique pour chaque préférence (le système peut détecter plusieurs préférences pour l'utilisateur).
- *<Duration_P>: <start_P> <end_P>* détermine la période de temps durant laquelle la préférence de l'utilisateur doit être satisfaite.
- *<Cell_P>* détermine la cellule dont laquelle la préférence de l'utilisateur doit être satisfaite.
- *< QoS_level>* est le niveau de QoS demandé par l'utilisateur pour cette préférence.

2.3 La matrice M

M est la matrice de transition qui contient les P_{ij}.

M = $[P_{ij}]$ [N*N].

Après les **m** associations avec le système, la probabilité de transition de la cellule i à la cellule j est calculée de la manière suivante : P_{ij} = t [i, j] / g (i).

t [i, j] est le nombre de transitions de la cellule i à la cellule j pendant les **m** associations avec le système.

g (i) est le nombre de transitions qui ont comme point de départ la cellule i pendant les **m** associations avec le système, il est calculé de la manière suivante : $g(i) = \sum_{j=1}^{n} t[i, j]$.

2.4 Le vecteur V

V est le vecteur qui contient les $P_i(t_0)$ (la probabilité que le terminal mobile se trouve dans la cellule C_i à l'instant t_0).

V = $[P_i(t_0)]$ [N].

t_0 correspond au début de chaque communication.

$P_i(t_0)$ = k (i) / nb.

nb est le nombre de communications observées durant la phase d'observation.

k (i) est le nombre de fois que l'utilisateur se connecte dans la cellule i à l'instant t_0, ou bien le nombre de communications qui ont comme cellule de départ la cellule i.

Nous avons: $\sum_{i=1}^{n} k(i) = nb$.

La figure 29 représente la détermination de la matrice M et du vecteur V :

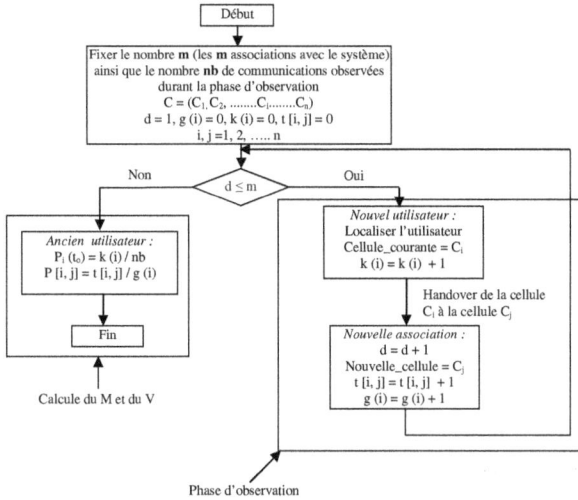

Figure 29. La détermination de la matrice M et du vecteur V

2.5 Le MSpec (Mobility Specification)

Le MSpec sera inclus dans les messages de QoS NSLP afin de réserver les ressources à l'avance pour le terminal mobile.

Le format proposé pour le MSpec est le suivant : MSpec = <MSpec ID> <Duration> <Cell ID>.

- *MSpec ID* est un identificateur qui identifie de manière unique un MSpec.

- *Duration* : <start time>, <end time> est l'intervalle de temps pendant lequel le terminal mobile nécessite une réservation de ressources à l'avance.

- *Cell ID* : <cell ID1>, <cell ID2>, <cell ID3>,...................., <cell IDn> est un ensemble d'identificateurs de cellules. Nous supposons que chaque cellule est identifiée de manière unique par un identificateur.

La modélisation du MSpec est la suivante :

P_{ij} est la probabilité de transition de la cellule C_i vers la cellule C_j.

$P_i (t_r)$ est la probabilité pour que le terminal mobile se trouve dans la cellule C_i à l'instant t_r. Nous avons $\sum_{i=1}^{n} P_i (t_r) = 1$.

$P_j (t_{r+1})$ est la probabilité pour que le terminal mobile se trouve dans la cellule C_j à l'instant t_{r+1}.

81

Nous pouvons calculer cette probabilité à l'aide de la formule suivante :

$$P_j(t_{r+1}) = \sum_{i=1}^{n} P_i(t_r) * P_{ij}.$$

θ ($0 \leq \theta \leq 1$), est le seuil utilisé afin de sélectionner les cellules de plus grandes probabilités.

Le MSpec est défini comme suit : MSpec $(t_r) = \{C_j / P_j(t_{r+1}) \geq \theta\}$.

Avant les **m** associations (durant la phase d'observation), le système ne calcule pas le MSpec parce que l'utilisateur étant nouveau, il ne possède pas les deux informations nécessaire au calcul du MSpec, c'est-à-dire la matrice M et le vecteur V.

La figure 30 représente la détermination du MSpec.

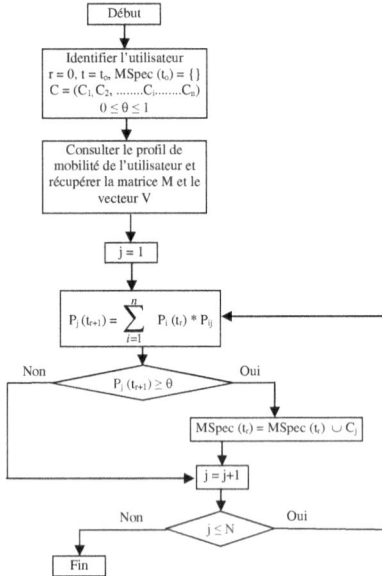

Figure 30. La prédiction du MSpec

2.5.1 Variante pour la détermination du MSpec : un système hybride

L'architecture Mobility Prediction Agent (MPA) [36] (voir chapitre 2) permet également de déterminer le MSpec. Cette architecture détermine en effet la trace de l'utilisateur, c'est-à-dire selon notre vision, le MSpec. De plus, elle permet d'identifier une seule cellule après chaque handover. Nous avons retenu cette architecture pour ses performances et son efficacité à déterminer avec précision la future localisation du terminal mobile.

L'architecture globale de ce modèle de prédiction est représentée sur la figure 31 :

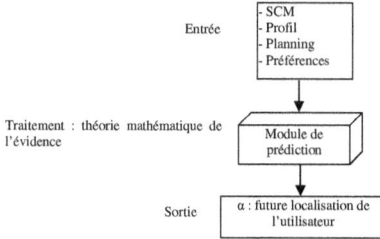

Figure 31. Définition fonctionnelle du module intelligent de prédiction

Les chaînes de Markov identifient le MSpec comme un ensemble de cellules, selon la valeur de θ. Une variante de cette méthode consiste à sélectionner une seule cellule qui a la plus grande probabilité. Formellement, on sélectionne la cellule C_k correspond à la probabilité P_k qui vérifie la contrainte : $P_k(t_{r+1}) = \text{Max } P_j(t_{r+1}) / j = 1, 2, \ldots n$.

Le système hybride consiste à garder pour le MSpec, la cellule C_k identifiée par les chaînes de Markov, et la cellule C_α correspond au résultat α obtenu par le module de prédiction.

Ainsi, pour améliorer les performances, la réservation à l'avance est faite uniquement dans les deux cellules C_k et C_α (si les chaînes de Markov et le module de prédiction ont identifié la même cellule, $C_k = C_\alpha$ et la réservation à l'avance est alors faite dans une seule cellule).

Le figure 32 représente la détermination du MSpec en utilisant les chaînes de Markov et le module de prédiction.

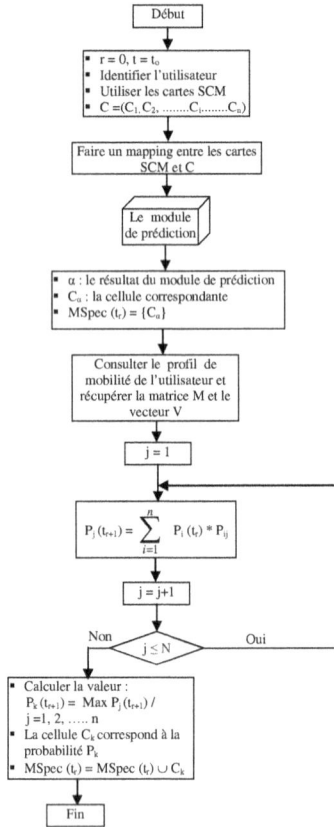

Figure 32. La prédiction du MSpec par le système hybride

2.6 La décision de handover (extension du profil de mobilité pour la 4G)

La prise de décision du handover est basée sur une association (mapping) entre le type de chaque application et la localisation de l'utilisateur identifiée par le Cell ID.

Ainsi, si l'utilisateur se trouve dans la cellule 1 et lance une application spécifique qui nécessite un niveau élevé de QoS (par exemple, une application de type vidéo), alors qu'il utilisé son interface UMTS, il est alors nécessaire de faire un handover vertical de l'UMTS vers le WLAN, parce que la QoS nécessaire pour l'application ne peut pas être assurée dans un environnement UMTS. Cette prise de décision du handover est un paramètre du profil de mobilité qui est représenté par une matrice DH.

$$DH \, [\text{Cell ID, App ID}] = \begin{cases} 0: \text{ le handover vertical n'est pas nécessaire} \\ 1: \text{ faire un handover vertical vers le WLAN} \end{cases}$$

3. Réservation de ressources à l'avance dans un réseau mobile

Dans ce qui suit, nous décrivons notre approche concernant la réservation de ressources à l'avance dans un réseau IP mobile, cette approche est basée sur l'application de signalisation QoS NSLP décrite dans le chapitre 3. Le choix de cette application de signalisation est basé sur le fait qu'elle est indépendante du modèle de qualité de service utilisé (Diffserv, Intserv,..) ce qui rend notre approche applicable aussi bien avec des architectures Diffserv et Intserv qu'avec n'importe quelle autre architecture réseaux. La réservation de ressources à l'avance pour l'utilisateur est faite uniquement dans les cellules identifiées par le MSpec. Ces futures localisations sont déterminées après la phase d'observation, c'est-à-dire après la détermination du profil de mobilité de l'utilisateur.

La procédure de réservation de ressources à l'avance avec QoS NSLP dans un environnement IP mobile est nommée MQoS NSLP (Mobile QoS NSLP). Nous pouvons appliquer cette procédure dans n'importe quelle architecture mobile que ça soit MIPv4 ou MIPv6 ; nous avons cependant retenu une architecture HMIPv6 pour appliquer notre approche de réservation de ressources à l'avance. Les raisons de ce choix sont liées à l'adaptation de l'architecture HMIPv6 pour la réservation de ressources à l'avance et notamment à l'entité MAP *(Mobility Anchor Point)*. Celui-ci joue en effet un rôle très important dans la réservation des ressources pour le terminal mobile, ce qui permet de réduire la signalisation globale dans le réseau qui est un des objectifs visés par notre procédure.

Rappelons que l'application de signalisation QoS NSLP opère selon deux modes : *Sender Initiated Reservation* et *Receiver Initiated Reservation* (voir chapitre 3). Dans le premier mode, l'émetteur du flux initie la réservation (il envoie le message RESERVE), dans le second mode, le récepteur de flux est initiateur de la réservation.

Dans ce qui suit, nous allons présenter notre approche de réservation de ressources à l'avance lorsque la communication a lieu entre un terminal mobile (MH) et un équipement fixe (CN fixe), puis lorsque la communication faire intervenir deux terminaux mobiles.

3.1 MQoS NSLP entre un CN fixe et un MH

La figure 33 montre la procédure de réservation de ressources à l'avance avec QoS NSLP (MQoS NSLP) entre un CN (correspondant Node) fixe et un MH (Mobile Host).

Le MH peut être un émetteur ou bien un récepteur de flux, dans chaque cas, il y a donc deux modes possibles (Sender Initiated Reservation et Receiver Initiated Reservation). Les quatre scénarios suivants sont par conséquent envisageables :
- Le MH est le récepteur du flux avec le mode Sender Initiated Reservation.
- Le MH est le récepteur du flux avec le mode Receiver Initiated Reservation.
- Le MH est l'émetteur du flux avec le mode Sender Initiated Reservation.
- Le MH est l'émetteur du flux avec le mode Receiver Initiated Reservation.

Dans ce qui suit, nous détaillerons uniquement la procédure MQoS NSLP dans le cas où le MH est le récepteur du flux avec le mode Sender Initiated Reservation. Les autres cas ont été traités dans [90, 91].

La réservation n'est pas faite dans tout le voisinage du MH mais uniquement dans les cellules que le mobile est susceptible de visiter, c'est-à-dire selon son MSpec.

Pour cela nous proposons d'utiliser l'objet MSpec (Mobility Specification) qui fait parti du profil de mobilité de l'utilisateur et qui sera inclus dans les messages de QoS NSLP.

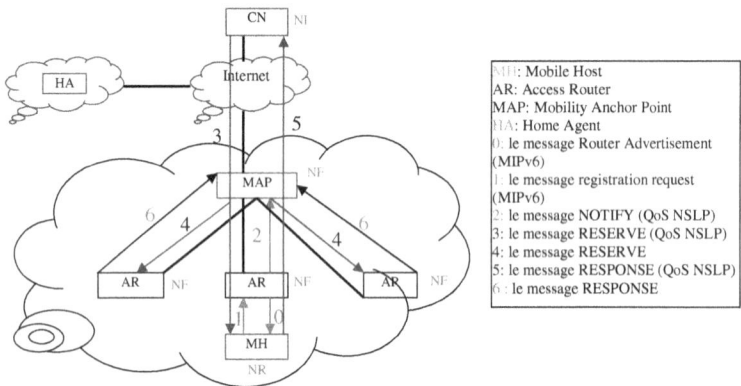

Figure 33. La procédure de réservation de ressources à l'avance avec QoS NSLP

Dans le cas de l'approche « Sender Initiated Reservation » de QoS NSLP, le CN représente le NI (NSIS Initiator : c'est l'entité NSIS qui déclenche le protocole de signalisation, suite à la demande d'une application de signalisation). Le MH représente le NR (NSIS Responder : la dernière entité NSIS sur le chemin de signalisation, qui répond au NI) et chaque AR (Access Router) ainsi que le MAP (Mobility Anchor Point) représentent un NF (NSIS Forwarder : l'entité NSIS qui propage la signalisation entre le NI et le NR).

La procédure de réservation de ressources à l'avance est la suivante :

0 : l'AR informe le MH de la disponibilité de ressources à l'aide du message *Router Advertisement*. Pour cela, nous proposons d'ajouter le bit Q de demande de QoS dans ce message.

Si Q = 0 alors l'AR ne possède pas de ressources et dans ce cas le MH ne peut se connecter qu'en BE (Best Effort).

1 : pendant l'enregistrement, nous proposons d'ajouter l'objet MSpec (déterminé par le MH) au contenu du message *registration request*. (Ici seules les interactions entre MIPv6 (Mobile IPv6) et les messages de QoS NSLP sont considérées, l'enregistrement continuant avec d'autres messages de MIPv6).

2 : suite à l'enregistrement du MH, l'AR envoie la demande de QoS au MAP en utilisant le message NOTIFY qui inclut l'objet MSpec (Le message NOTIFY est envoyé sans demande préalable et n'exige pas de réponse).

Après la réception du message NOTIFY, le MAP analyse l'objet MSpec (il détermine la durée de la réservation ainsi que les futures localisations du MH).

3 : pour réserver les ressources dans la cellule courante, le CN (NI) envoie le message RESERVE qui doit contenir l'objet QSpec, ce message est transporté par GIST jusqu'au MAP, il sera, par la suite, envoyé à l'AR pour arriver, finalement, au MH (NR).

4 : le message RESERVE est envoyé après sa réception par le MAP, à tous les AR qui se trouvent dans le MSpec (l'attribut Duration du MSpec est passé au paramètre Service Schedule du QSpec afin de réserver les ressources pour une certaine période).

5 : après la réception du message RESERVE, le MH (NR) répond avec le message RESPONSE, ce message passe par l'AR, le MAP pour atteindre finalement le Sender (NI).

6 : après la réception du message RESERVE, les AR répondent en utilisant le message RESPONSE.

3.1.1 La procédure du handover

Pendant le handover et avant l'installation du nouveau chemin, les paquets qui seront toujours envoyés sur l'ancien chemin seront perdus, dégradant ainsi la QoS. Pour résoudre ce problème, un tunnel entre l'ancien AR et le nouvel AR peut être établi d'une manière temporaire, de sorte que tous les paquets envoyés à l'ancien AR puissent être renvoyés au nouvel AR. Le mécanisme de tunneling réduit la perte de paquets et convient aux services qui sont sensibles aux pertes de paquets. Mais, pendant l'établissement du tunnel des paquets continueront à se perdre. Une autre alternative consiste à faire un transfert de contexte entre l'ancien AR et le nouvel AR. C'est ce que nous proposons.

Pour améliorer la procédure de handover, nous allons donc utiliser un transfert de contexte entre l'ancien et le nouvel AR. La gestion de la réservation de ressources est dynamique, selon le nouveau MSpec, le MAP peut supprimer des anciennes réservations, créer de nouvelles réservations et rafraîchir des réservations qui peuvent être encore utiles pour l'utilisateur.

Durant le handover, le MH passe par les étapes suivantes (voir figure 34):

- L'enregistrement auprès du nouvel AR (protocole MIPv6).
- Pour minimiser les pertes de paquets et avant l'installation du nouveau chemin, nous proposons de faire un transfert de contexte entre l'ancien et le nouvel AR par l'intermédiaire du protocole CXTP (Context Transfer Protocol) (voir chapitre 1). Dans le cas d'un mode « Network controlled », initié par le nAR, les messages suivants sont utilisés :
  - Le nouvel AR envoie le message CT Request à l'ancien AR ;
  - L'ancien AR répond en utilisant le message CTD.
- Etablissement du nouveau chemin et mise à jour de la réservation de ressources :
  - Le nouvel AR envoie le message RESERVE au MH, (message 1 sur la figure 34) ;
  - Le MH répond avec le message RESPONSE en incluant le nouveau MSpec, (message 2 sur la figure 34) ;
  - Après la réception du message RESPONSE, le nouvel AR envoie le message NOTIFY au MAP en incluant le nouveau MSpec (message 3 sur la figure 34).
  - Le MAP analyse le nouveau MSpec, et réalise les actions suivantes à travers le message RESERVE (message 4 sur la figure 34) :
    - Garder la réservation pour l'ancienne cellule si elle appartient au nouveau MSpec, sinon, supprimer la réservation ;
    - Faire des réservations à l'avance dans les cellules qui appartiennent au nouveau MSpec et qui n'appartiennent pas à l'ancien MSpec ;
    - Supprimer la réservation pour les anciennes cellules qui n'appartiennent pas au nouveau MSpec sauf bien sûr pour la cellule courante.

Pour supprimer l'ancien chemin avant la période de rafraîchissement, le MAP envoie le message RESERVE avec le TEAR flag = 1 (l'ancien état est identifié par le SII : Source Identification Information). Ce message passe par l'ancien AR avant d'arriver au MH. Pour garder l'ancien chemin, le MAP envoie le message RESERVE avec le NO_REPLACE flag = 1 (pour rafraîchir l'état, le MAP envoie aux AR, le message RESERVE en incrémentant l'objet RSN : Reservation Sequence Number).

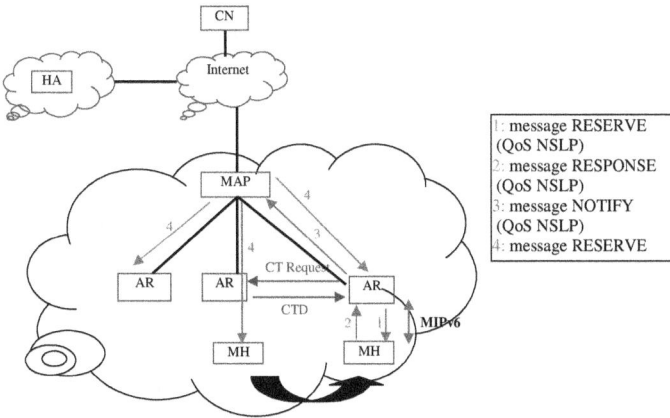

Figure 34. La procédure de handover

3.2 MQoS NSLP Entre deux terminaux mobiles

Dans ce qui suit, nous présentons MQoS NSLP lorsque la communication a lieu entre deux terminaux mobiles.

Le scénario suivant présente MQoS NSLP avec MH1 comme entité qui génère le flux et le mode *Sender Initiated Reservation*. Les autres cas ont été traités également dans [90, 91].

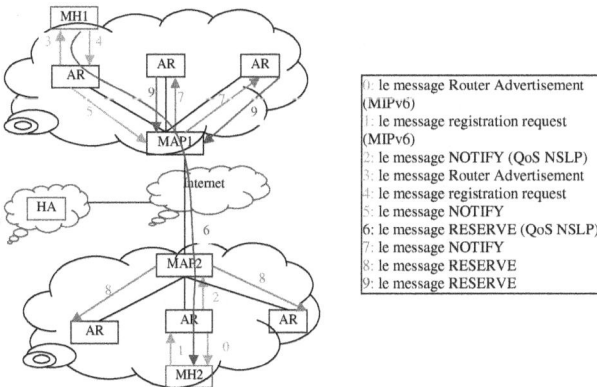

Figure 35. Réservation de ressources à l'avance avec les messages de QoS NSLP

La figure 35 représente l'ensemble des interactions entre les deux terminaux MH1 et MH2 afin de réserver les ressources à l'avance. Dans ce scénario, les deux entités qui communiquent sont mobiles, et MH1 génère le flux. MH1 représente le NI, MH2 représente le NR, les AR ainsi que les MAP représentent les entités NF.

MSpec1 et MSpec2 sont les deux ensembles de cellules que MH1 et MH2 peuvent visiter durant l'association avec le système.

Dans un mode « Sender Initiated Reservation », la procédure de réservation de ressources à l'avance avec QoS NSLP est la suivante (remarque : l'enregistrement peut commencer soit avec MH1 soit avec MH2, le scénario suivant considère que MH2 est le premier mobile qui fait l'enregistrement) :

0 : l'AR informe le MH2 avec le message *Router Advertisement* de la disponibilité de ressources à l'aide du bit Q.
Si Q = 0 alors l'AR ne possède pas de ressources et dans ce cas MH2 ne peut se connecter qu'en Best Effort.

1 : pendant l'enregistrement, nous proposons d'ajouter l'objet MSpec2 (déterminé par MH2) au message *registration request*.

2 : Suite à l'enregistrement de MH2, l'AR envoie la demande de QoS au MAP2. Pour cela, nous utilisons le message NOTIFY en incluant l'objet MSpec2.
Après réception du message NOTIFY, le MAP2 analyse l'objet MSpec2 (il détermine la durée de la réservation ainsi que les futures localisations du terminal mobile MH2).

3 : l'AR informe MH1 à l'aide du message *Router Advertisement* de la disponibilité de ressources en utilisant le bit Q.
Si Q = 0 alors l'AR ne possède pas de ressources et dans ce cas MH1 ne peut se connecter qu'en BE.

4 : pendant l'enregistrement, nous proposons également d'ajouter l'objet MSpec1 (déterminé par MH1) au message *registration request*.

5 : après l'enregistrement avec MH1, l'AR envoie la demande de QoS au MAP1, pour cela, nous utilisons le message NOTIFY en incluant l'objet MSpec1. Après la réception du message NOTIFY, le MAP1 analyse l'objet MSpec1 (il détermine la durée de la réservation ainsi que les futures localisations du MH1).

6 : pour réserver les ressources entre le MH1 et le MH2, le MH1 (NI) envoie le message RESERVE qui doit contenir l'objet QSpec. Ce message est transporté par GIST jusqu'au MAP1, il sera par la suite envoyé au MAP2, puis à l'AR pour arriver finalement au MH2 (NR).

7 : le MAP1, après la réception du message RESERVE, envoie le message NOTIFY à tous les AR qui se trouvent dans le MSpec1 pour les invoquer à envoyer le message RESERVE.

8 : le message RESERVE est retransmis, après sa réception par le MAP2, à tous les AR qui se trouvent dans le MSpec2.

9 : les AR se trouvant dans le MSpec1 répondent au MAP1 en utilisant le message RESERVE.

3.2.1 La procédure de handover

Durant le handover, MH1 et MH2 passent par les étapes suivantes (voir figure 36) :
- MH2 s'enregistre auprès du nouvel AR (protocole MIPv6).
- Pour minimiser les pertes de paquets et avant l'installation du nouveau chemin, nous proposons également de faire un transfert de contexte entre l'ancien et le nouvel AR en utilisant le protocole CXTP (Context Transfer Protocol). Dans le cas d'un mode « Network controlled », initié par le nAR, les messages suivants sont utilisés :
  - Le nouvel AR envoie le message CT Request à l'ancien AR ;
  - L'ancien AR répond en utilisant le message CTD.
- Etablissement du nouveau chemin et mise à jour de la réservation de ressources :
  - Le nouvel AR envoie le message RESERVE au MH2, (message 1 sur la figure 36).
  - Le MH2 répond en utilisant le message RESPONSE qui contient le nouveau MSpec2, (message 2 sur la figure 36) ;
  - Après la réception du message RESPONSE, le nouvel AR envoie le message NOTIFY au MAP2 en incluant le nouveau MSpec2 (message 3 sur la figure 36) ;
  - Le MAP2 analyse le nouveau MSpec2, et effectue, à l'aide du message RESERVE, les actions suivantes (message 4 sur la figure 36) :
    - Garder la réservation pour l'ancienne cellule si elle appartient au nouveau MSpec2, sinon supprimer la réservation ;
    - Faire des réservations à l'avance dans les nouvelles cellules qui n'appartiennent pas à l'ancien MSpec2 ;
    - Supprimer la réservation pour les anciennes cellules qui n'appartiennent pas au nouveau MSpec2 sauf, bien sûre, pour la cellule courante.
- MH1 s'enregistre auprès du nouveau AR (protocole MIPv6) ;
- Pour minimiser les pertes de paquets et avant l'installation du nouveau chemin, nous proposons également de faire un transfert de contexte entre l'ancien et le nouvel AR via le protocole CXTP (Context Transfer Protocol). Dans le cas d'un mode « Network controlled », initié par le nAR, les messages suivants sont utilisés :
  - Le nouvel AR envoie le message CT Request à l'ancien AR ;
  - L'ancien AR répond en utilisant le message CTD.
- Etablissement du nouveau chemin et mise à jour de la réservation de ressources :
  - Le MH1 envoie le message RESERVE au nouvel AR en incluant le nouveau MSpec1, il sera retransmis pour arriver au MAP1 (message 5 sur la figure 36) ;

- Le MAP1 inclut l'ancien MSpec1 et le nouveau MSpec1 dans un message NOTIFY et l'envoie à tous les AR identifiés par le nouveau et l'ancien MSpec1 (message 6 sur la figure 36) ;

Chaque AR analyse les deux objets MSpec1 et effectue, à travers le message RESERVE, les actions suivantes (message 7 sur la figure 36) :

- l'ancien AR garde la réservation pour l'ancienne cellule si elle appartient au nouveau MSpec1, sinon il supprime la réservation ;

- chaque nouvel AR fait des réservations à l'avance dans les nouvelles cellules qui n'appartiennent pas à l'ancien MSpec1 ;

- chaque ancien AR supprime la réservation pour les anciennes cellules qui n'appartiennent pas au nouveau MSpec1 sauf, bien sûr, pour la cellule courante.

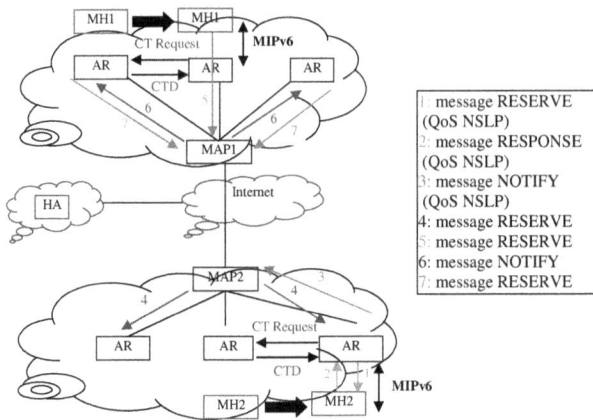

Figure 36. La procédure de handover

3.2.1.1 Les actions réalisées par l'entité MAP

Le diagramme suivant représente les actions réalisées par l'entité MAP2 dans le cas d'une communication entre deux terminaux mobiles, le MAP2 reçoit comme information le MSpec2 envoyé par MH2. Afin de modéliser les actions réalisées par le MAP2, la cellule à laquelle l'utilisateur se connecte pour la première fois est appelée C_1 et après chaque handover le mobile passe de la cellule C_i à la cellule C_{i+1}, ce qui veut dire que même si pour le 2ème handover, le mobile retourne à C_1, pour le MAP2 cette cellule sera considérée comme C_3. Afin de mieux gérer les ressources réseaux, nous utilisons les deux types de réservation, passive et active (voir chapitre 2). Une réservation de ressources pour la future cellule de l'utilisateur est toujours passive, elle devient active uniquement lorsque l'utilisateur se déplace vers cette cellule. Les ressources passives peuvent être utilisées par des MH moins exigeants en terme de QoS.

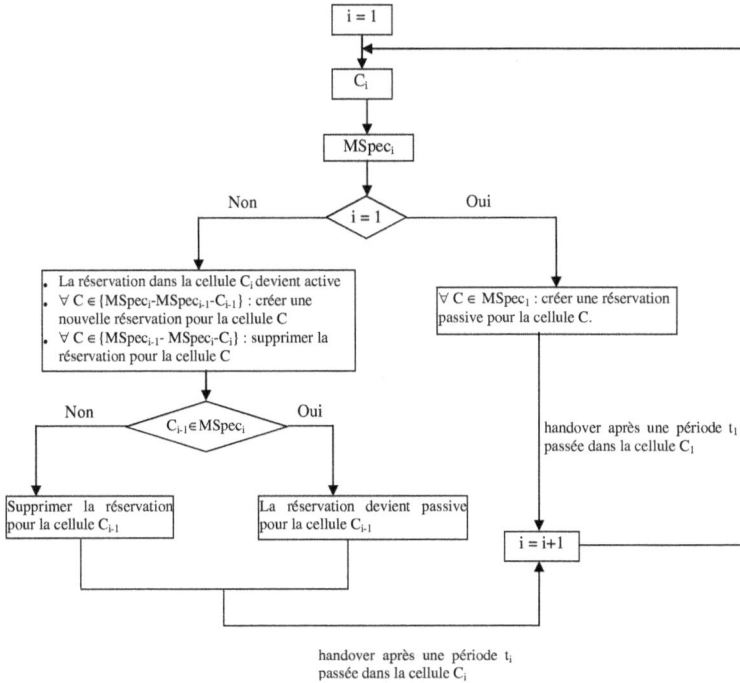

Figure 37. Les actions réalisées par le MAP2 dans le cas d'une communication entre deux terminaux mobiles

4. Scénario de référence pour la 4G

L'utilisateur de la 4ème génération de mobiles (4G) a plusieurs technologies d'accès sans fil à sa disposition. Cet utilisateur veut pouvoir être connecté au mieux, n'importe où, n'importe quand et avec n'importe quel réseau d'accès. Pour cela, les différentes technologies sans fil qui sont représentées sur la figure 38, doivent coexister de manière à ce que la meilleure technologie puisse être retenue en fonction du profil de l'utilisateur et de chaque type d'application demandé.

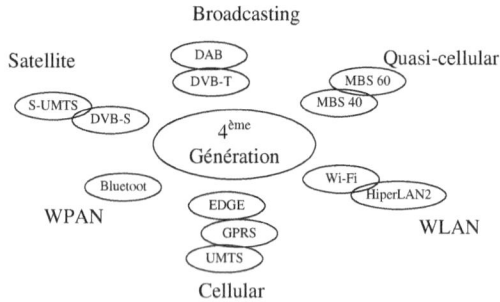

Figure 38. Plusieurs technologies d'accès pour l'utilisateur de la 4G

Dans ce contexte, l'équipement terminal devra rechercher en permanence le meilleur réseau d'accès en fonction des besoins de l'utilisateur. Dans notre scénario de référence, le terminal de l'utilisateur supporte deux technologies d'accès sans fil qui sont l'UMTS et le WLAN. Le profil de mobilité est, dans ce cas, utilisé pour adapter le handover vertical (inter-technologie) aux besoins de qualité de service de l'utilisateur.

Le tableau suivant montre, clairement, que les technologies UMTS et WLAN sont complémentaires :

WLAN	UMTS
- Déployé dans des environnements intérieurs (Indoor environment) - Petite zone de mobilité - Une mobilité lente - Débit très élevé - Faible coût de déploiement - Adapté aux hotspots	- Déployé dans des environnements extérieurs (Outdoor environment) - Large zone de mobilité - Grande mobilité - Débit modéré - Coût de déploiement élevé - Déconseillé pour les hotspots

Tableau 2. Comparaison entre l'UMTS et le WLAN

4.1 L'architecture d'intégration

Définir une architecture d'intégration entre l'UMTS et le WLAN présente plusieurs défis, comme le choix du meilleur point d'intégration entre les deux technologies, car le WLAN peut être connecté à l'UMTS par le RNC, le SGSN, ou le GGSN [82].

Le RNC (Radio Network Controller) contrôle l'utilisation et l'intégrité des ressources radio dans l'UMTS. Choisir le RNC comme point d'intégration entre l'UMTS et le WLAN, nécessite un changement important au niveau des procédures radio implémentées au niveau du RNC, les interfaces radio étant totalement différentes entre l'UMTS et le WLAN. Le choix du GGSN (Gateway GPRS Support Node) comme point d'intégration simplifie le handover de l'UMTS vers le WLAN, car, dans ce cas, le GGSN maintient simplement la session pour la connexion PS (Packet Switched). Mais, dans le sens inverse, c'est-à-dire pour un handover du WLAN vers l'UMTS, le SGSN (Serving GPRS Support Node) à besoin de créer l'état de la mobilité (mobility state), de rétablir la session PDP (Packet Data Protocol) ainsi que le contexte RAB (Radio Access Bearer), des traitements que le GGSN ne peut pas faire, ce qui ralentira le handover.

Pour ces raisons, nous avons retenu le SGSN comme point d'intégration entre l'UMTS et le WLAN. La figure 39 montre que le WLAN est connecté au SGSN à travers l'entité MAP.

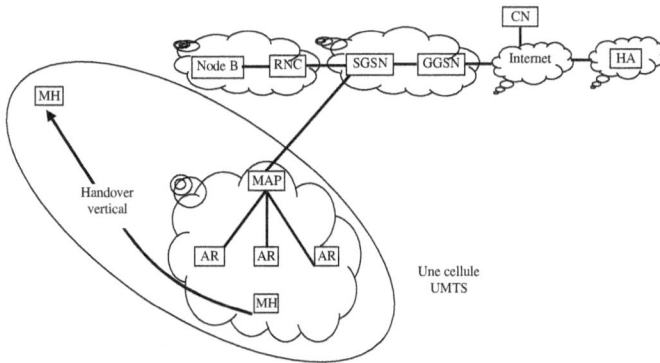

Figure 39. L'architecture d'intégration UMTS/WLAN

Dans la suite du scénario, on suppose que l'utilisateur lance une seule application à la fois.
Cell ID : identifie la cellule courante.
App ID : identifie l'application en cours d'exécution.
App ID1: identifie la première application lancée par l'utilisateur.
type_application : variable qui retourne le type de chaque application.
technologie-accès = UMTS

La procédure retenue est la suivante :

Consulter le profil de mobilité pour l'utilisateur, afin de récupérer la matrice DH.
Si DH [Cell ID, App ID] = 0 **alors** garder la connexion UMTS
Sinon faire un handover vertical vers le WLAN
Fin Si
Après le handover vertical, technologie-accès = WLAN
Tant que type_application = App ID1 **Faire** garder la connexion WLAN

95

(Après la fermeture de l'application en cours et le lancement d'une nouvelle application).
Consulter la matrice DH.
Si DH [Cell ID, App ID] = 1 **alors** garder la connexion WLAN
Sinon faire un handover vertical vers l'UMTS
Fin Si

5. Conclusion

Dans ce chapitre, nous avons présenté notre approche pour améliorer la qualité de service dans un réseau IP mobile, des réservations de ressources à l'avance dans la ou les cellules identifiées à travers l'analyse du profil de mobilité de l'utilisateur sont faites pour le terminal mobile. Les réservations se font en utilisant le protocole MQoS NSLP. Lorsque l'utilisateur est inconnu, il ne peut y avoir de réservation de ressources à l'avance, nous proposons alors d'utiliser une approche agent pour améliorer la QoS dans un réseau IP mobile. Cette approche est détaillée au chapitre suivant.

Chapitre 6 – Amélioration de la QoS dans les réseaux IP mobiles : sans réservation de ressources à l'avance

1. Introduction

Dans le cas d'un nouvel utilisateur, une réservation de ressources à l'avance afin de maintenir la QoS lors du déplacement est impossible, car son profil de mobilité est inconnu et l'ensemble MSpec ne peut pas être déterminé. Sans possibilité de réservation de ressources à l'avance, nous proposons dans ce cas d'utiliser la technologie Agent afin d'améliorer la qualité de service pour cet utilisateur (voir chapitre 4). Les caractéristiques des agents en terme de coopération, coordination et communication sont utilisées afin de satisfaire les besoins de QoS de l'utilisateur mobile. Le rôle des agents, dans ce cas, est d'adapter le handover horizontal (changement au sein d'une même technologie d'accès) et vertical (changement de technologie d'accès) aux besoins de QoS de l'utilisateur. Dans le cas d'un handover horizontal, les agents sont utilisés afin de guider l'utilisateur vers la cellule qui peut lui fournir la QoS nécessaire à ses besoins. Dans le cas d'un handover vertical, les agents sont utilisés afin de choisir la meilleure technologie d'accès en tenant compte du besoin de l'utilisateur.

Dans le cadre de la 4ème génération de mobile (4G), l'utilisateur a plusieurs technologies d'accès sans fil à sa disposition. Cet utilisateur veut pouvoir être connecté au mieux, n'importe où, n'importe quand et avec n'importe quel réseau d'accès. Pour cela, les différentes technologies sans fil qui sont représentées, dans la figure 40, doivent coexister de manière à ce que la meilleure technologie puisse être retenue en fonction du profil de l'utilisateur, du type d'application et de service demandé. Dans ce contexte, l'équipement terminal devra rechercher en permanence le meilleur réseau d'accès en fonction des besoins de l'utilisateur. Notre approche agent joue un rôle très important dans ce choix.

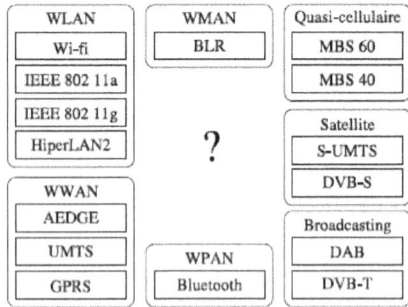

Figure 40. Les différentes technologies d'accès sans fil pour l'utilisateur 4G

Dans ce chapitre, nous présentons tout d'abord l'architecture multi-agents proposée dans le cadre d'un réseau IP mobile, l'objectif de cette architecture est d'améliorer la QoS demandée par l'utilisateur mobile. Nous présentons, également, la vérification ainsi que la validation de cette architecture à l'aide des réseaux de Petri. Les problèmes liés à l'implémentation d'une technologie agent dans le cadre des réseaux mobiles et sans fil sont mentionnés dans le chapitre 4.

2. L'architecture multi-agents

La figure 41 reprend l'architecture d'intégration dans le cadre de la 4G présentée dans le chapitre 5, cette configuration réseau offre deux technologies d'accès à l'utilisateur, à savoir Wi-Fi et UMTS. La technologie Agent est utilisée pour adapter le handover horizontal et vertical aux besoins de QoS de l'utilisateur. Le terminal mobile considéré dans ce cas est un terminal bi-mode qui supporte les technologies d'accès Wi-Fi et UMTS.

Dans un environnement Wi-Fi, la stratégie de changement de point d'accès comporte quatre étapes :

- La découverte d'un point d'accès cible ;
- La synchronisation avec le point d'accès ;
- L'envoi d'une authentification ;
- L'établissement de l'association.

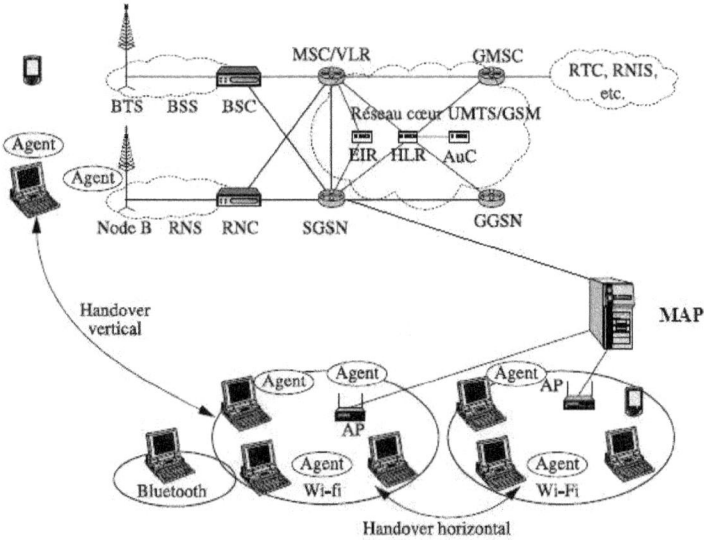

Figure 41. Handover horizontal et handover vertical

Cette stratégie, implémentée dans les équipements réseaux (les AP et les MH), est statique, c'est-à-dire que ni le fournisseur de service ni le client ne peut changer la sélection du point d'accès. Pourtant cette sélection, dans certains cas, peut s'avérer mauvaise. Dans la figure 42, le Mobile Host 5 (MH5) sur lequel l'utilisateur lance une application exigeante en terme de QoS (une application vidéo par exemple) reçoit le meilleur signal de AP2, par contre la cellule 2 est déjà très chargée et, par conséquent, la QoS nécessaire pour MH5 ne pourra pas être assurée. Une stratégie dynamique consiste à guider le MH5 vers la cellule 1 qui est vide et qui peut lui fournir la QoS nécessaire.

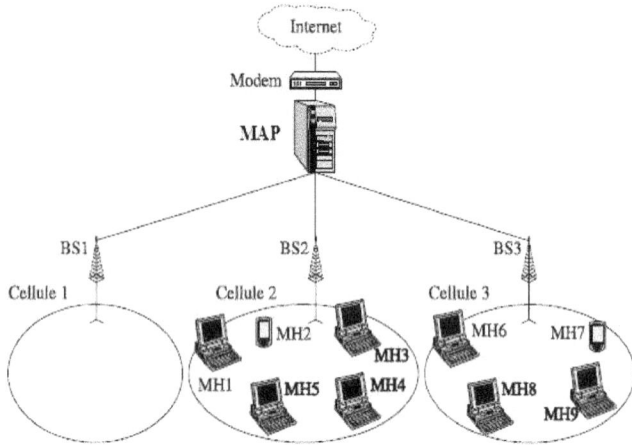

Figure 42. Exemple de réseau Wi-Fi

Si toutes les cellules sont remplies, l'utilisateur doit pouvoir faire appel à une autre technologie d'accès à sa disposition répondant mieux à ses besoins. Dans cet exemple, c'est la technologie UMTS qui sera utilisée, le grand nombre d'utilisateurs sur place empêchant le Wi-Fi de répondre aux exigences de QoS de l'application demandée. Dès que l'utilisateur lancera une autre application moins critique en terme de QoS ou que les performances du Wi-Fi deviendront acceptables pour l'application, l'utilisateur devra pouvoir revenir sur la technologie Wi-Fi (à cause du coût élevé de l'UMTS, par exemple). Les différents handover verticaux doivent s'effectuer de manière totalement transparente pour l'utilisateur et en fonction des contraintes applicatives et du profil utilisateur.

Pour fournir de la qualité de service sur un lien Wi-Fi, il faut respecter trois principes [83] :

- Le nombre d'hôtes autorisés à utiliser le canal doit être limité ;

- La zone géographique à l'intérieur de laquelle les utilisateurs communiquent doit être limitée de telle sorte qu'ils puissent tous utiliser le débit le plus élevé ;

- Les sources doivent être contraintes en configurant des conditionneurs de trafic dans les équipements.

Afin de fournir la QoS nécessaire à une application multimédia, nous allons respecter ces trois principes et faire trois suppositions :

- A partir d'un certain nombre d'utilisateurs (N), regroupés dans une même cellule, la QoS nécessaire pour une application multimédia ne sera plus assurée et la cellule sera considérée comme remplie.

- Chaque point d'accès contient un « identificateur de localisation » unique. A partir de cet identificateur de localisation, un utilisateur peut se connecter à la cellule pouvant offrir la QoS exigée par l'application.

- En tenant compte du travail qui a été réalisé dans [84], une estimation de la position du MH est faite et une application donnant la répartition des cellules est téléchargeable à partir d'un serveur.

La figure 43 représente un exemple de répartition de cellules avec l'identificateur associé à chaque cellule.

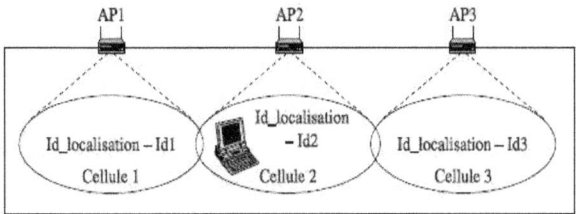

Figure 43. Exemple de répartition de cellules

Le système multi-agent contient trois agents :

- **Agent Application** : cet agent se situe sur le terminal mobile de l'utilisateur, son rôle est d'associer un profil applicatif à l'utilisateur, il détermine, tout d'abord, le type de l'application lancée par l'utilisateur, qu'il associe à une classe de service selon le tableau suivant :

La classe de service	Type d'application
Classe 1	- Multimédia interactive. - Vidéo distribution. - Vidéo conférence. - Audio compressé. - Applications critiques en temps de réponse.
Classe 2	- Texte/données/transfert d'images. - Messagerie.

Tableau 3. Association classe de service type d'application

Nous avons définis deux classes de service, la classe 1 représente les applications critiques en terme de QoS comme les applications multimédia interactive ou la vidéo

101

conférence. La classe 2 représente les applications qui n'ont pas beaucoup de contrainte en terme de QoS comme la messagerie électronique.

Ensuite, et pour chaque classe de service, l'agent **Application** associe un profil applicatif à l'utilisateur.

Exemple : Pour une application qui appartient à la classe 1, l'utilisateur a pour profil : profil_applicatif_1. Pour une application qui appartient à la classe 2, l'utilisateur a pour profil : profil_applicatif_2. L'approche Agent se poursuit uniquement dans le cas où l'utilisateur à comme profil applicatif, le profil_applicatif_1.

- **Agent Terminal** : cet agent se situe sur le terminal mobile de l'utilisateur ; il fait la liaison entre l'utilisateur et le système ; la communication peut se faire en mode graphique ou bien en mode texte. Il communique avec l'agent **Etat** qui se trouve sur le point d'accès afin de connaître l'état de la cellule ainsi que celle des cellules voisines. Il demande le déploiement d'une autre technologie d'accès si nécessaire. L'agent **Terminal** est activé par l'agent **Application**, après l'identification du profil applicatif de l'utilisateur (profil_applicatif_1).

- **Agent Etat** : cet agent se situe sur le point d'accès ; il détermine l'état interne de la cellule ainsi que celle des cellules voisines. A partir de **N** utilisateurs regroupés dans la cellule, l'état de cette dernière sera considéré comme remplie. Pour connaître l'état des cellules voisines, l'agent **Etat** contacte les mêmes agents sur les cellules voisines, et peut récupérer ainsi leurs états.

2.1 Les interactions entre agents

La figure 44 représente l'ensemble des interactions entre agents. Dans cet exemple, l'utilisateur se trouve dans la cellule 2. Il est en train, par exemple, de consulter ses emails ou bien de faire un transfert de fichiers. Dans ce cas, l'agent **Application** donne le profil_applicatif_2 à l'utilisateur. Au moment du lancement d'une application de la classe 1 (application multimédia, par exemple), l'agent **Application** attribue le profil_applicatif_1 à l'utilisateur et active l'agent **Terminal** (message m1), ce dernier envoie un message (m2) à l'agent **Etat** afin de connaître l'état de la cellule courante. L'agent **Etat** compare le nombre d'utilisateurs dans la cellule avec le nombre N, si ce dernier est inférieur ou égal au nombre d'utilisateurs dans la cellule, il envoie un message (m3) à l'agent **Terminal** pour lui indiquer que la cellule courante est remplie. Au même moment, l'agent **Etat** contacte les mêmes agents sur les points d'accès voisins (messages m4 et m5) pour connaître l'état des cellules voisines. Chaque agent répond par un message qui contient l'état de la cellule ou bien le nombre d'utilisateurs dans la cellule avec l'identificateur de localisation de la cellule (messages m6 et m7). L'agent **Etat** dans la cellule courante identifie au moins une cellule qui n'est pas remplie et puis envoie l'identificateur de localisation de la cellule choisie à l'agent **Terminal** (message m8). Par la suite, un message d'acquittement (ACK) est envoyé par l'agent **Etat** de la cellule courante vers la cellule choisie (message m9).

A partir de ce moment, l'agent **Terminal** envoie une requête au serveur pour télécharger l'application qui lui permettra de savoir où se trouve la cellule concernée dans la salle et d'en informer l'utilisateur.

Par contre, si toutes les cellules sont remplies, l'agent **Etat** contacte l'agent **Terminal** pour lui communiquer la situation (message m10). Afin d'obtenir la QoS demandée l'agent **Terminal** provoquera un handover vertical (vers l'UMTS dans notre exemple).

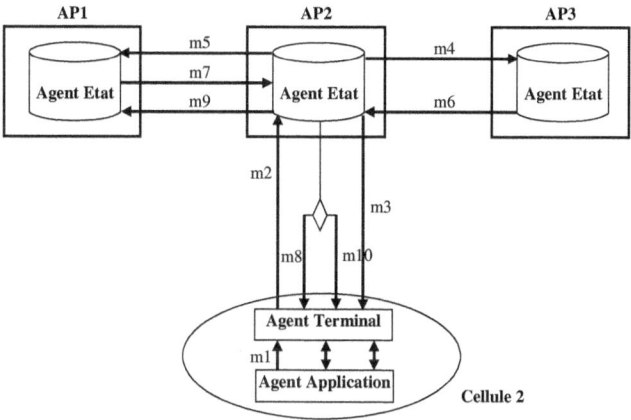

Figure 44. Les interactions entre les agents

2.2 Modélisation des interactions en utilisant le modèle AUML

AUML (Agent Unified Modelling Language) [87] est l'adaptation des notations d'UML à la technologie agent. Les principales modifications de UML sont les suivantes :

- La possibilité de représenter des *threads* simultanés d'interaction (comme la transmission de messages à plusieurs agents) permettant ainsi à UML de modéliser les protocoles d'interactions entre agents;

- La notion de rôle qui étend celle fournie par UML et permet de modéliser un agent jouant plusieurs rôles.

La figure 45 représente l'ensemble des interactions entre agents modélisées en utilisant AUML.

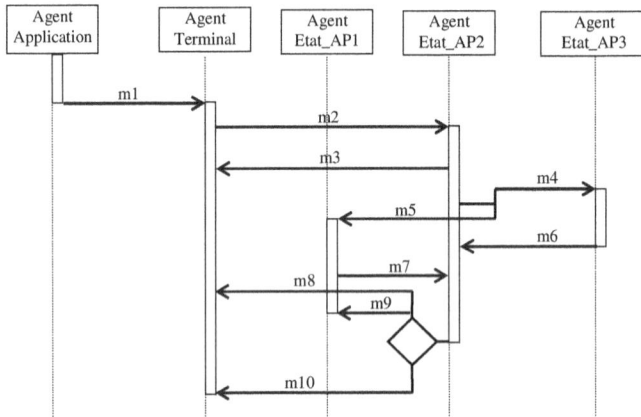

Figure 45. Modélisation des interactions entre agents en utilisant AUML

2.3 Modélisation des interactions entre agents par un réseau de Petri ordinaire

Un Réseau de Petri est un outil de vérification et de validation des systèmes distribués, il représente un graphe orienté comportant :

- Un ensemble fini de places, P= {P_1, P_2, P_3, ..., P_m}, symbolisées par des cercles et représentant des **conditions** ;

- Un ensemble fini de transitions, T= {T_1, T_2, T_3, ..., T_n}, symbolisées par des tirets et représentant l'ensemble des **événements** (les actions se déroulant dans le système) dont l'occurrence provoque la modification de l'état du système ;

- Un ensemble fini d'arcs orientés qui assurent la liaison d'une place vers une transition ou d'une transition vers une place.

Deux situations sont à vérifier dans un réseau de Petri :

- La situation de conflit : dans un réseau de Petri des transitions sont en conflit structurel, si et seulement si elles ont au moins une place commune en entrée. Il y a conflit effectif s'il y a existence de conflit structurel et si pour un marquage M, le nombre de marques dans la place d'entrée est inférieur au nombre de transitions validées pour ce marquage.

- La situation de blocage : un réseau de Petri, dans un marquage donné M, est en situation de blocage si et seulement si aucune transition n'est franchissable.

La figure 46 représente l'ensemble des interactions dans le système modélisées par un réseau de Petri ordinaire.

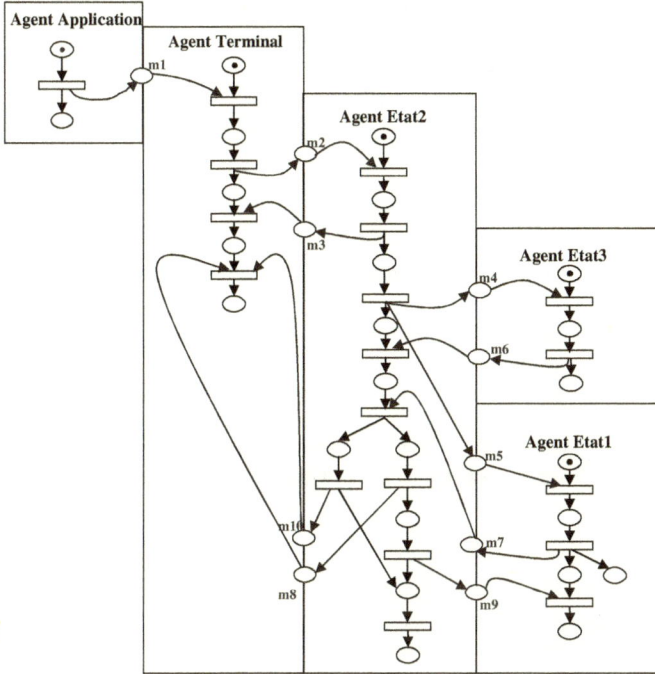

Figure 46. Modélisation des interactions entre agents par un réseau de Petri ordinaire

Une simple vérification manuelle est suffisante pour vérifier le réseau de Petri décrit précédemment, il faut lancer le jeton correspondant à l'agent **Application** et faire des franchissements d'étapes successives selon chaque événement dans le système. Nous pouvons vérifier facilement, dans notre cas, que le modèle réseau de Petri ne contient ni situation de blocage, ni situation de conflit.

3. Conclusion

Dans ce chapitre, nous avons présenté l'approche retenue pour améliorer la qualité de service dans un réseau sans fil lorsque l'utilisateur est inconnu du système et qu'une réservation de ressources à l'avance est impossible pour lui car ses futures localisations sont inconnues. Cette approche est basée sur la technologie Agent. Dans le cas d'un handover horizontal, les agents sont utilisés afin de guider l'utilisateur vers la cellule qui peut lui fournir la QoS nécessaire à ses besoins. Dans le cas d'un handover vertical, les agents sont utilisés afin de choisir la meilleure technologie d'accès en tenant compte du besoin de l'utilisateur.

Nous avons modélisé les interactions entre agents à l'aide de la notation AUML et utiliser les réseaux de Petri pour faire une vérification ainsi qu'une validation du système. Les caractéristiques des agents en terme de coopération, coordination et communication ont été exploitées afin de satisfaire les besoins de l'utilisateur mobile en terme de qualité de service.

Le dernier chapitre de ce livre est consacré à la validation de notre approche de réservation de ressources à l'avance dans un environnement IP mobile.

Chapitre 7 - Simulation et Test

1. Introduction

Ce chapitre décrit la validation de notre approche de réservation de ressources à l'avance, cette validation comprend deux étapes. La première étape consiste à traiter le modèle mathématiquement, pour cela nous avons utilisé l'outil MATLAB. Notre choix s'est porté sur cet outil car il est très puissant dans le domaine du calcul matriciel. Ainsi MATLAB nous a permis de bien cerner le problème, nous avons pu estimer la bonne valeur de θ afin de construire le MSpec ainsi que le temps nécessaire pour la détermination du MSpec. La deuxième partie consiste à simuler notre approche de réservation de ressources à l'avance. Pour cela nous avons utilisé l'outil de simulation OMNeT++ qui est un simulateur à événements discrets. Les motivations de ce choix sont basées sur le fait qu'il s'agit d'un logiciel libre (open source), qui utilise un langage de programmation très connu, le langage C++. De plus, OMNeT++ est un outil très flexible et très générique qui permet de simuler des modules hiérarchiques communiquant par envois de messages. Ce dernier point est essentiel car il nous permet de rester générique par rapport à la technologie d'accès de l'interface air.

Dans ce chapitre, nous présentons tout d'abord les résultats de simulation obtenus à l'aide de l'outil MATLAB, nous présentons, également, la validation de notre approche de réservation de ressources à l'avance dans les réseaux IP mobiles à l'aide de l'outil OMNeT++. Enfin, nous présentons l'intérêt de notre approche par rapport à MRSVP.

2. Modèle mathématique, simulation avec MATLAB

L'objectif de cette première étape est, d'une part, de déterminer la bonne valeur de θ afin de construire le MSpec, et d'autre part, de calculer le temps nécessaire à la détermination du MSpec.

L'élément clé pour la réservation de ressources à l'avance est l'ensemble MSpec.

La figure 30 présentée dans le chapitre 5 montre la détermination du MSpec à travers une modélisation à l'aide des Chaînes de Markov en Temps Continu (CMTC).

Le MSpec est défini comme suit : MSpec $(t_r) = \{C_j \ / \ P_j \ (t_{r+1}) \geq \theta \ \}$, $(0 \leq \theta \leq 1)$.

Le choix de la valeur de θ est très important pour construire le MSpec. Si la valeur de θ est proche de 1 alors le MSpec est vide, par contre si la valeur de θ est proche de 0 alors l'ensemble MSpec contient tout le voisinage.

On définit la fonction f suivante : $f\,(a_i, C_i) = \begin{cases} \{\} & \text{si} & a_i = 0 \\ \{C_i\} & \text{si} & a_i = 1 \end{cases}$

Le MSpec est défini par : MSpec $= \bigcup\limits_{i=1}^{n} f\,(a_i, C_i)$.

Avec l'outil de simulation MATLAB, nous cherchons à évaluer l'impact de la valeur de θ sur les deux paramètres suivants qui sont liés à l'ensemble MSpec :

Nb_cel_MSpec : est le nombre de cellules constituant le MSpec.

Temps_Détermination_MSpec : est le temps nécessaire pour la détermination du MSpec par le terminal mobile.

2.1 Synthèse mathématique

Nous avons : $C = (C_1, C_2, ..., C_i........, C_n)$: l'ensemble des cellules dans le voisinage du terminal mobile.

Le MSpec est défini comme suit : MSpec $(t_r) = \{C_j \ / \ P_j \ (t_{r+1}) \geq \theta \ \}$, $(0 \leq \theta \leq 1)$.

Si $\theta = 0$ alors le MSpec = C (l'ensemble MSpec contient tout le voisinage). Dans ce cas, le nombre de cellules constituant le MSpec est n.

Si $\theta = 1$, alors le MSpec = {} (l'ensemble MSpec est vide). Dans ce cas, le nombre de cellules constituant le MSpec est 0.

La fonction f est définie comme suit : $f\,(a_i, C_i) = \begin{cases} \{\} & \text{si} & a_i = 0 \\ \{C_i\} & \text{si} & a_i = 1 \end{cases}$

Et par conséquent, on peut en déduire la formule suivante : MSpec $= \bigcup\limits_{i=1}^{n} f\,((1-\theta), C_i)$.

On a : $0 \leq \theta \leq 1$ et donc $0 \leq 1-\theta \leq 1$.

Pour la suite, nous considérons que, $(1-\theta)$ est le facteur qui détermine le sous-ensemble de C. Par exemple si $(1-\theta = 0.25)$, on peut déduire que le MSpec contient 25% des éléments de C.

Formellement on a : Card (MSpec) = E $((1-\theta) * \text{Card } (C)) = $ E $(n * (1-\theta))$.

Card : définit la cardinalité d'un ensemble qui est le nombre d'éléments de l'ensemble.

E : est la fonction partie entière, elle est définie pour tout réel x de la façon suivante : E(x) est l'entier relatif immédiatement inférieur ou égal à x.

Cependant si $\theta = 0.5$, on n'est pas sûr que le MSpec contienne la moitié des cellules de C. Donc au lieu de prendre le facteur $(1-\theta)$, on prendra le facteur $(1-\theta)^k$. Avec un k réel positif.

On a donc: Card (MSpec) = E (n * $(1-\theta)^k$).

Si $0 < k < 1$ **alors** $(1-\theta) < (1-\theta)^k$: et donc, avec $(1-\theta)^k$, le MSpec contient plus de cellules par rapport au cas avec le facteur $(1-\theta)$.

Exemple : **si** n = 20, **k = 0.5**, $1-\theta = 0.5$ **alors** Card (MSpec) = 14.

Si k > 1 **alors** $(1-\theta) > (1-\theta)^k$: dans ce cas, avec $(1-\theta)^k$, le MSpec contient moins de cellules par rapport au cas avec le facteur $(1-\theta)$.

Exemple : **si** n = 20, **k = 2**, $1-\theta = 0.5$ **alors** Card (MSpec) = 5.

Le nombre de cellules constituant le MSpec est alors le suivant :

Nb_cel_MSpec = E (n * $(1-\theta)^k$).

$(1-\theta)^k$ est le facteur qui détermine le sous-ensemble de C.

2.2 Simulation avec MATLAB

L'emplacement des cellules les unes par rapport aux autres a une influence sur les probabilités de transition entre les différentes cellules. Nous supposons que le voisinage de l'utilisateur contient 10 cellules et nous considérons l'emplacement des cellules tel qu'indiqué sur la figure 47.

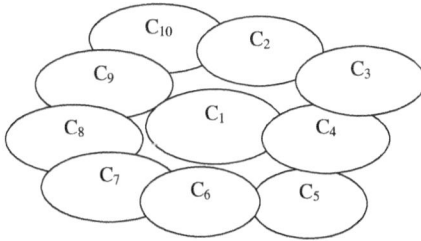

Figure 47. L'emplacement des cellules dans le voisinage du terminal mobile

Nous remarquons que le terminal mobile s'associé au point d'accès qui se trouve dans la cellule C_2, par exemple, ne peut pas se déplacer vers la cellule C_6 après le handover sans passer par la cellule C_1 ou bien passer par C_3, C_4, C_5 ou n'importe quel autre chemin mais il ne pourra en aucun cas passer directement de C_2 à C_6.

Nous supposons que le nombre de communications observées durant la phase d'observation est égal à 40 (nb = 40).

Chaque communication correspond à un trajet suivi par le terminal mobile.

Durant les **m** associations avec le système et pour les **nb** communications observées durant la phase d'observation, nous suivrons les différents trajets du terminal mobile.

Un trajet est une suite de cellules qui marque le chemin suivi par le terminal mobile pendant la durée de vie de chaque communication.

Exemple : C_4, C_1, C_7, C_6, C_1 est un trajet pour le terminal mobile, ce trajet a nécessité 4 handovers et 5 associations avec le système.

Nous définissons un ensemble de trajets afin de déterminer la matrice M et le vecteur V. Chaque trajet correspond à la durée de vie d'une seule communication.

Le résultat de la phase d'observation correspond à une base de trajets qui sera utilisée par le terminal mobile afin de calculer le MSpec.

Le tableau suivant représente le résultat obtenu :

La durée de vie de la communication en nombre de handovers	Le nombre d'associations avec le système pour une seule communication	le nombre de trajets observés
1	2	6
2	3	6
3	4	5
4	5	5
5	6	4
6	7	4
7	8	4
8	9	3
9	10	3

Tableau 4. La base de trajets du terminal mobile

Pour nb = 40 communications observées durant la phase d'observation, nous avons m = 216 associations avec le système.

Nous calculons k (i) de i = 1 à 10.

k (i) est le nombre d'associations du terminal mobile avec la cellule i à l'instant t_o.

Nous avons donc le tableau suivant :

K (1)	k (2)	k (3)	k (4)	k (5)	k (6)	k (7)	k (8)	k (9)	k (10)
0	5	7	8	0	12	0	8	0	0

Tableau 5. Le nombre d'associations à l'instant t_o avec la cellule i

Par la suite, nous calculons le vecteur V qui contient les $P_i (t_o)$ à l'aide de la formule suivante :

$P_i (t_o) = k (i) / nb$.

$P_1 (t_o)$	$P_2 (t_o)$	$P_3 (t_o)$	$P_4 (t_o)$	$P_5 (t_o)$	$P_6 (t_o)$	$P_7 (t_o)$	$P_8 (t_o)$	$P_9 (t_o)$	$P_{10} (t_o)$
0	0.125	0.175	0.2	0	0.3	0.075	0.2	0	0

Tableau 6. Le vecteur V

Avant de calculer la matrice M, nous calculons la matrice qui contient les valeurs t [i, j]. t [i, j] est le nombre de transitions de la cellule i à la cellule j pendant les **m** associations avec le système.

La matrice qui contient les valeurs t [i, j] est la suivante :

	C_1	C_2	C_3	C_4	C_5	C_6	C_7	C_8	C_9	C_{10}
C_1	0	6	6	4	3	2	3	2	3	2
C_2	5	0	7	0	0	0	0	0	0	4
C_3	5	9	0	8	0	0	0	0	0	0
C_4	5	0	8	0	7	0	0	0	0	0
C_5	4	0	0	5	0	5	0	0	0	0
C_6	6	0	0	0	8	0	6	0	0	0
C_7	3	0	0	0	0	4	0	3	0	0
C_8	3	0	0	0	0	0	3	0	5	0
C_9	2	0	0	0	0	0	0	3	0	3
C_{10}	3	4	0	0	0	0	0	0	2	0

Tableau 7. La matrice qui contient les valeurs t [i, j]

g (i) est le nombre de transitions qui ont comme point de départ la cellule i pendant les **m** associations avec le système, il est calculé de la manière suivante : $g (i) = \sum_{j=1}^{10} t [i, j]$.

Le tableau suivant représente les valeurs de g (i) :

g (1)	g (2)	g (3)	g (4)	g (5)	g (6)	g (7)	g (8)	g (9)	g (10)
31	16	22	20	14	20	10	11	8	9

Tableau 8. Le vecteur qui contient les valeurs de g (i)

Enfin, la matrice M qui contient les P [i, j] est calculée avec la formule suivante :
P [i, j] = t [i, j] / g (i).

La matrice M est la suivante :

P	1	2	3	4	5	6	7	8	9	10
1	0	0.19	0.19	0.14	0.1	0.06	0.1	0.06	0.1	0.06
2	0.31	0	0.44	0	0	0	0	0	0	0.25
3	0.22	0.4	0	0.38	0	0	0	0	0	0
4	0.25	0	0.4	0	0.35	0	0	0	0	0
5	0.3	0	0	0.35	0	0.35	0	0	0	0
6	0.3	0	0	0	0.4	0	0.3	0	0	0
7	0.3	0	0	0	0	0.4	0	0.3	0	0
8	0.27	0	0	0	0	0	0.27	0	0.46	0
9	0.25	0	0	0	0	0	0	0.375	0	0.375
10	0.33	0.44	0	0	0	0	0	0	0.23	0

Tableau 9. La matrice M

La matrice **M** et le vecteur **V** sont calculés, après les **m** associations avec le système (après la phase d'observation).

Le système calcule le vecteur $V_1 = V * M$ afin de construire le MSpec1 pour le 1er handover. Pour le 2ème handover, le système calcule le vecteur $V_2 = V_1 * M$ afin de construire le MSpec2 et ainsi de suite, pour le Ième handover le système calcule le vecteur $V_i = V_{i-1} * M$.

A l'aide de MATLAB et après 6 handovers, nous avons les résultats suivants :

V_1= [0.2712 0.0700 0.1350 0.0665 0.1900 0 0.1440 0 0.0920 0.0313]

V_2= [0.2015 0.1193 0.1089 0.1558 0.0504 0.1404 0.0271 0.0940 0.0343 0.0683]

V_3= [0.2217 0.1119 0.1531 0.0873 0.1308 0.0406 0.0876 0.0331 0.0791 0.0548]

V_4= [0.2147 0.1275 0.1263 0.1350 0.0689 0.0941 0.0433 0.0693 0.0500 0.0709]

V_5= [0.2176 0.1225 0.1509 0.1022 0.1064 0.0543 0.0684 0.0446 0.0696 0.0635]

V_6= [0.2159 0.1296 0.1361 0.1250 0.0792 0.0777 0.0501 0.0597 0.0569 0.0698]

La figure 48 montre l'impact de la valeur de θ sur le nombre de cellules constituant le MSpec.

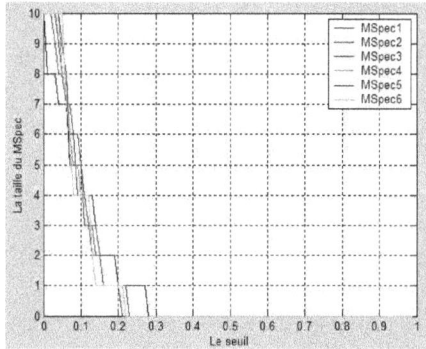

Figure 48. L'impact de la valeur de θ sur le nombre de cellules constituant le MSpec

Si nous regardons l'impact de la valeur de θ sur le nombre de cellules constituant le MSpec, nous remarquons qu'à partir de la valeur 0.28 de θ, le MSpec est vide. Des valeurs de θ qui sont supérieures à 0.28 ne permettent pas de construire le MSpec. (Le MSpec doit contenir au moins une seule cellule afin de faire des réservations de ressources à l'avance pour le terminal mobile).

Avec θ = 0.1, nous avons les résultats suivants :

MSpec 1 = $\{C_1, C_3, C_5, C_7\}$, Nb_cel_MSpec=4.
MSpec 2 = $\{C_1, C_2, C_3, C_4, C_6\}$, Nb_cel_MSpec=5.
MSpec 3 = $\{C_1, C_2, C_3, C_5\}$, Nb_cel_MSpec=4.
MSpec 4 = $\{C_1, C_2, C_3, C_4\}$, Nb_cel_MSpec=4.
MSpec 5 = $\{C_1, C_2, C_3, C_4, C_5\}$, Nb_cel_MSpec=5.
MSpec 6 = $\{C_1, C_2, C_3, C_4\}$, Nb_cel_MSpec=4.

Avec 10 cellules dans le voisinage du terminal mobile, la valeur 0.1 de θ est une valeur optimale pour construire le MSpec si et seulement si les mouvements du mobile sont équiprobables entre les 10 cellules.

Nous nous intéressons maintenant au temps de détermination du MSpec, le MSpec est déterminé par le terminal mobile de l'utilisateur.

La figure 49 montre l'impact de la valeur de θ sur le temps de détermination du MSpec. (Le temps est calculé en milliseconde).

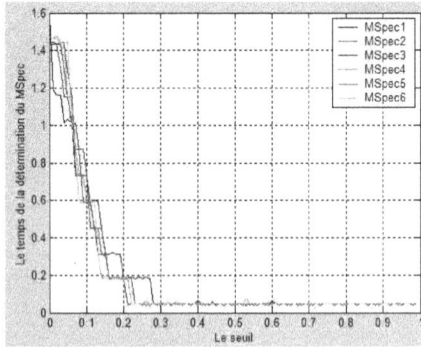

Figure 49. L'impact de la valeur de θ sur le temps de la détermination du MSpec

Ces performances sont calculées sur une machine qui a une puissance de 1,4 GHZ/s. Le temps de calcul du MSpec peut varier selon la puissance de la machine. Dans ce cas, il ne dépasse pas 1.6 millisecondes.

Grâce à cette première étape de validation avec MATLAB, nous avons pu estimer la bonne valeur de θ afin de construire le MSpec. À partir de la valeur 0.28 de θ, le MSpec est vide, ainsi des valeurs de θ qui sont supérieures à 0.28 ne permettent pas de construire le MSpec. De plus, la valeur de θ ne doit pas être très proche de 0 sinon l'ensemble MSpec contient tout le voisinage. Avec MATLAB, nous avons également pu déterminer le temps nécessaire pour la détermination du MSpec. Le résultat obtenu montre l'intérêt de notre modélisation du MSpec par les Chaînes de Markov en Temps Continu car le temps de détermination du MSpec est de l'ordre de la milliseconde. Ce résultat est très intéressant car le temps de détermination du MSpec doit être raisonnable afin de laisser le temps de terminer sa tâche à l'entité qui réserve les ressources à l'avance pour le terminal mobile.

3. Simulation réseau avec OMNeT++ (Objective Modular Network Testbed in C++)

La configuration réseau utilisée pour la simulation est la suivante :

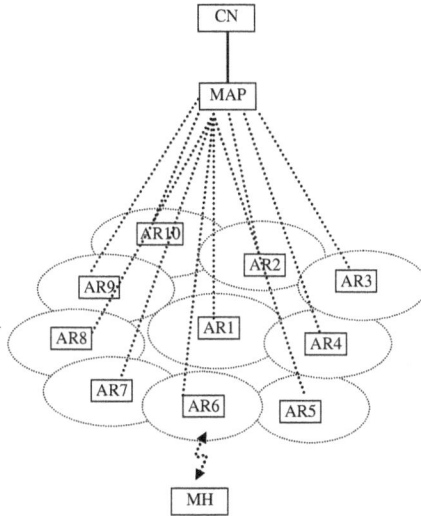

Figure 50. La configuration réseau utilisée pour la simulation

La simulation réseau avec OMNeT++ est basée sur la modélisation des réservations actives et passives. Une réservation active est faite pour le terminal mobile dans la cellule courante, une réservation passive est faite par l'entité MAP dans les cellules voisines identifiées par le MSpec.

Pour modéliser ces deux types de réservation, nous avons défini trois classes de service avec trois niveaux de priorité :
- *La classe C0* représente les communications de type Best Effort.
- *La classe C1* représente les communications avec garantie de qualité de service.
- *La classe C2* représente les appels de handover.

Afin d'améliorer la qualité de service durant le handover, la priorité la plus élevée est donnée aux appels de handover et la plus faible aux communications de type Best Effort.

Nous avons donc : Priorité (*la classe C0*) < Priorité (*la classe C1*) < Priorité (*la classe C2*).

La modélisation de notre système est la suivante :

- Un appel de *la classe C1* modélise une réservation active.
- Un appel de *la classe C2* modélise une réservation passive.
- Les appels de *la classe C0* ne nécessitent pas de réservation de ressources.

Finalement, suite à notre modélisation, le mécanisme de réservation de ressources à l'avance (avec réservations passives et actives) se traduira par un mécanisme de réservation de canaux de trafic dans un réseau cellulaire (pour les classes *C1 et C2*).

Avec notre stratégie de gestion de ressources, la capacité de la cellule est partagée entre les trois classes de services. Les flux de *la classe C0* peuvent utiliser les ressources de la réservation passive.

Un contrôle d'admission au niveau de chaque Access Router est utilisé afin d'autoriser ou non un appel entrant. Cette décision est basée sur l'ensemble des ressources disponibles dans la cellule, c'est-à-dire sur le nombre de canaux libres.

3.1 La modélisation du système

3.1.1 Le modèle de mobilité

À l'intérieur d'une cellule, un modèle classique de mobilité intracellulaire a été retenu. Avec ce modèle, les mouvements des mobiles sont caractérisés par les paramètres suivants :

- La répartition des mobiles : les mobiles sont uniformément répartis à l'intérieur d'une cellule.
- La vitesse des mobiles : A l'intérieur d'une cellule, la vitesse de chaque mobile est constante est égale à 1m/s. Il s'agit d'une mobilité lente des utilisateurs.
- La trajectoire : Le changement de direction du mobile est supposé avoir une distribution uniforme.
- Le temps de séjour du mobile dans une cellule : Le temps de séjour du mobile dans une cellule est une variable aléatoire qui suit une distribution exponentielle de paramètre γ_0. $(1/\gamma_0 = 60s)$.

Dans le domaine contrôlé par l'entité MAP et afin de gérer la mobilité des utilisateurs d'une manière prédictible, les mouvements des mobiles entre les différentes cellules (mouvements intercellulaires) sont modélisés par les Chaînes de Markov en Temps Continu comme indiqué précédemment (voir chapitre 5).

3.1.2 La caractérisation du trafic

- Chaque cellule dispose de 24 canaux de trafic (allocation fixe des canaux).
- La capacité totale des cellules est égale à 240 canaux.
- L'arrivée des appels sur une cellule suit un processus de Poisson de paramètre γ.
- La répartition des appels entre *la classe C0*, *la classe C1* et *la classe C2* est égale à (3 :1 :1) pour un premier test et (1 :2 :2) pour un second test.

Par conséquent, sur l'ensemble des appels nous avons : 20% des appels de *la classe C2*, 20% des appels de *la classe C1* et 60% des appels de *la classe C0* pour le premier test. 40% des appels de *la classe C2*, 40% des appels de *la classe C1* et 20% des appels de *la classe C0* pour le deuxième test. Pour les deux tests, un handover de *la classe C0* est considéré comme une simple arrivée de *la classe C0* qui ne nécessite pas de réservation de ressources.

Pour les deux tests, nous avons supposé que le nombre de handovers dans le système est identique au nombre d'appels avec garantie de qualité de service. La différence réside dans le nombre de communications de type Best Effort. Sur 5 appels, 3 appels arrivent de type Best Effort pour le premier test et un seul concernant le second test.

- La durée d'un appel (d'une communication) suit une distribution exponentielle de paramètre μ ($1/\mu = 120s$).
- Le temps de séjour d'un appel dans une cellule (la durée de session) suit une distribution exponentielle de paramètre $\mu_s = \mu + \gamma_0$ ($1/\mu_s = 40s$).
- La répartition des ressources entre les appels de *la classe C0*, les appels de *la classe C1* et les appels de *la classe C2* est égale à (1 :3 :3). Par conséquent, un seul canal est alloué à un appel de *la classe C0* et 3 canaux sont alloués un appel de *la classe C1* ou un appel de *la classe C2*.

Les ressources nécessaires pour un appel de handover et un appel avec garantie de qualité de service sont les mêmes. D'un point de vue modélisation, la réservation de ressources à l'avance est faite uniquement pour un appel avec garantie de qualité de service.

Le modèle de la simulation est le suivant :

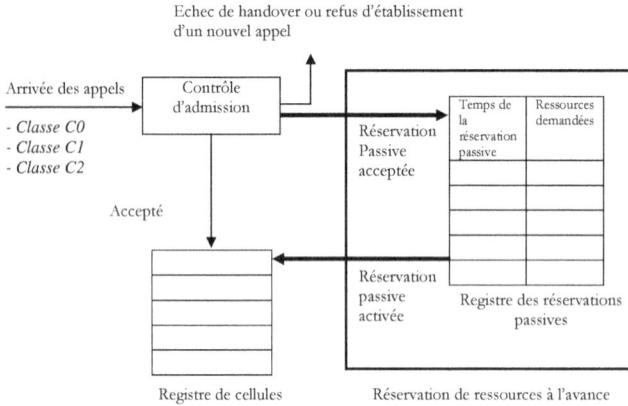

Figure 51. Le modèle utilisé pour la simulation

Au niveau de chaque Access Router, un registre pour les réservations passives est utilisé, ces réservations concernent les appels de *la classe C2* qui nécessitent des réservations de ressources à l'avance. Ce registre contient l'intervalle de temps durant lequel la réservation passive devient active (c'est une copie du paramètre *Duration* du MSpec) ainsi que l'ensemble des ressources demandées par l'appel. Pour chaque AR, il y a également un registre de cellule qui représente la capacité totale de la cellule.

Pour la simulation, les paramètres suivants sont considérés :

- Le taux d'arrivée des appels γ = [400, 1400] appels/heure.
- Le taux d'échec du MSpec = [0%, 100%].

Le taux d'échec du MSpec est calculé après chaque trajet.

Exemple :

Avec θ = 0.1, nous avons les résultats suivants (l'utilisateur se trouve dans la cellule C_{10}) : MSpec 1 = {C_1, C_3, C_5, C_7}, MSpec 2 = {C_1, C_2, C_3, C_4, C_6}, MSpec 3 = {C_1, C_2, C_3, C_5}, MSpec 4 = {C_1, C_2, C_3, C_4}, MSpec 5 = {C_1, C_2, C_3, C_4, C_5}, MSpec 6 = {C_1, C_2, C_3, C_4}.

Les 6 ensembles MSpec déterminent les futures localisations prédites par le système durant les 6 handovers qui se sont produits lors de la communication.

Pour déterminer le taux d'échec du MSpec, nous supposons que le terminal mobile suivra réellement le trajet suivant : C_{10}, C_1, C_6, C_7, C_1, C_5, C_6.

Nous remarquons que sur les 6 handovers, l'échec pour le calcul du MSpec, concerne le MSpec3 et le MSpec6. Pour le 3ème handover, l'utilisateur s'est dirigé vers la cellule C_7 qui n'appartient pas au MSpec3 et pour le 6ème handover l'utilisateur s'est dirigé vers la cellule C_6 qui n'appartient pas au MSpec6. Pour ce trajet, le taux d'échec du MSpec est égal à 2/6 = 33.33%.

Pour la simulation avec un taux d'échec du MSpec égal à 0%, une réservation passive de ressources est modélisée comme suit : au niveau de chaque AR, 3 canaux de trafic sont réservés pour le premier appel de *la classe C2*. Par la suite, chaque arrivée de *la classe C2* réserve 3 canaux de trafic pour l'arrivée suivante de la même classe et ainsi de suite jusqu'à la fin de la simulation. La réservation passive de ressources est modélisée d'une manière récursive par rapport à chaque appel de *la classe C2*. En fait, un appel de *la classe C2* utilise les ressources déjà réservées par l'appel précédent et réserve les ressources pour l'appel suivant.

Dans le cas général, avec un taux d'échec du MSpec égal à x%, sur 100 appels de *la classe C2*, x appels de cette classe ne possèdent pas de réservation passive de ressources.

Afin de mesurer les performances, les paramètres suivants sont considérés :
- La probabilité de blocage des appels de handover : cette métrique est obtenue à l'aide la formule suivante :

$$\text{La probabilité de blocage du handover} = \frac{\text{Nombre d'échecs de handover dans le système}}{\text{Nombre de tentatives de handover dans le système}}$$

- La charge de la signalisation de bout en bout (entre le CN et le MH).
- Le délai nécessaire pour rétablir la signalisation de bout en bout : ce délai correspond au temps que met le message RESERVE envoyé par le CN pour arriver au MH.

Pour le premier test, nous avons 20% des appels de *la classe C2*, 20% des appels de *la classe C1* et 60% des appels de *la classe C0* et un taux d'échec du MSpec qui est égal à 0%.

La figure 52 montre l'impact du taux d'arrivée des appels sur la probabilité de blocage du handover mesurée avec notre approche de réservation de ressources à l'avance et une approche sans réservation de ressources à l'avance.

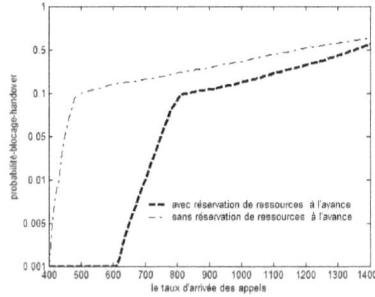

Figure 52. La probabilité de blocage du handover pour le 1er test

La figure 52 montre que pour un taux d'arrivée des appels entre 400 et 600 appels/heure, notre approche de réservation de ressources à l'avance satisfait presque tous les handovers. À 500 appels/heure, l'approche sans réservation de ressources à l'avance, est déjà à une probabilité de blocage de handover égale à 0.1. C'est uniquement à partir d'un taux d'arrivée des appels très élevé que les deux approches convergent.

Pour le second test, nous avons augmenté le taux d'arrivée des appels de handover (à 40%) ce qui augmente un peu la probabilité de blocage du handover pour les approches avec est sans réservation de ressources à l'avance.

La figure 53 montre que pour un taux d'arrivée des appels entre 400 et 520 appels/heure, notre approche de réservation de ressources à l'avance satisfait presque tous les handovers. À 480 appels/heure, l'approche sans réservation de ressources à l'avance, a déjà une probabilité de blocage de handover égale à 0.1. Comme le premier test, C'est uniquement à partir d'un taux d'arrivée des appels très élevé que les deux approches convergent.

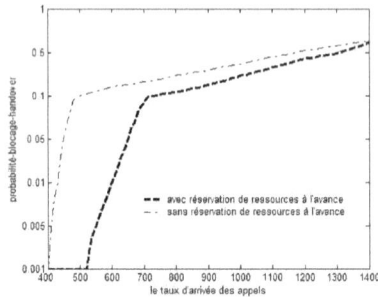

Figure 53. La probabilité de blocage du handover pour le 2ème test

Nous remarquons que pour les deux tests, notre approche de réservation de ressources à l'avance réduit la probabilité de blocage du handover par rapport à une approche classique de réservation de ressources, c'est-à-dire sans réservation de ressources à l'avance.

Dans ce qui suit, nous cherchons à mesurer l'influence du taux d'échec du MSpec sur les performances du réseau.

La figure 54 montre l'impact du taux d'échec du MSpec sur la probabilité de blocage du handover mesurée avec notre approche de réservation de ressources à l'avance et une approche sans réservation de ressources à l'avance. Dans ce cas, nous avons gardé la partition des appels pour le premier test et nous avons fixé le taux d'arrivée des appels à 900 appels / heures.

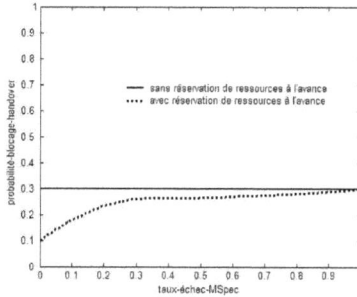

Figure 54. L'influence du taux d'échec du MSpec sur la probabilité de blocage du handover

Dans ce cas, si le taux d'échec du MSpec est égal à 100%, nous avons les mêmes performances qu'une approche sans réservation de ressources à l'avance. Ici, nous supposons que le taux d'échec du MSpec est le même pour tous les terminaux mobiles.

Avec un bon MSpec, la probabilité de blocage du handover de notre approche de réservation de ressources à l'avance est réduite à plus de 60% par rapport à une approche sans réservation de ressources à l'avance.

Avec les mêmes paramètres, la figure 55 montre l'intérêt de notre approche de réservation de ressources à l'avance d'un point de vue signalisation. Cette approche permet de minimiser le nombre de messages sur le lien de bout en bout et ainsi la signalisation globale dans tout le réseau.

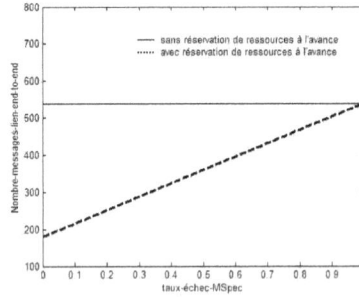

Figure 55. L'influence du taux d'échec du MSpec sur la signalisation

La figure 55 montre qu'avec un bon MSpec, le nombre de messages sur le lien de bout en bout est réduit par rapport à une approche sans réservation de ressources à l'avance. C'est uniquement pour un taux d'échec du MSpec égal à 100%, que les deux approches convergent.

Le dernier graphe montre l'impact du taux d'échec du MSpec sur le taux de réduction du délai de la signalisation de bout en bout de notre approche par rapport à une approche sans réservation de ressources à l'avance.

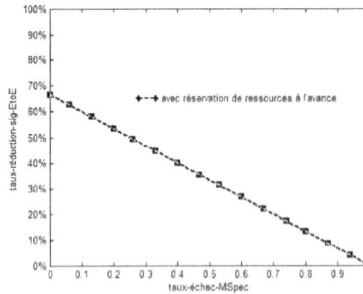

Figure 56. L'influence du taux d'échec du MSpec sur le taux de réduction du délai de la signalisation

Nous remarquons qu'avec un bon MSpec nous pouvons réduire le délai de la signalisation de bout en bout à plus de 60% par rapport à une approche sans réservation de ressources à l'avance.

Les bonnes performances de notre approche de réservation de ressources à l'avance d'un point de vue signalisation sont dues, en particulier, à la gestion hiérarchique de la réservation de ressources par l'entité MAP.

3.2 Le cas de la mobilité rapide

Dans le cas d'une mobilité rapide, le temps durant lequel le terminal mobile reste dans une cellule est réduit et, par conséquent, l'intérêt du mécanisme de réservation de ressources à l'avance doit être vérifié.

Les auteurs dans [88] ont calculé le temps de séjour moyen du terminal mobile dans une cellule en utilisant la formule suivante : T_moyen_cellule = $\pi r / 2v$.

r représente le rayon de la cellule (les cellules sont supposées identiques et circulaires) et v représente la vitesse du terminal mobile.

Dans ce qui suit, nous avons étudié l'impact d'une mobilité rapide du terminal mobile sur le mécanisme dynamique de réservation de ressources à l'avance.

Afin de faire une réservation de ressources à l'avance pour le terminal mobile, il faut que : Le temps durant lequel le terminal mobile reste dans une cellule $\geq$ le temps de détermination du MSpec + le temps de réservation de ressources à l'avance par l'entité MAP.

Le MSpec est déterminé par le terminal mobile avant d'être envoyé au MAP, le temps de détermination du MSpec est évalué à travers la simulation utilisant l'outil MATLAB.

Le temps de réservation de ressources à l'avance par l'entité MAP (**T_Réservation_MAP**) est calculé comme suit :

On note :

- t_g : le temps nécessaire à l'entité MAP pour générer un message RESERVE (rappelons que c'est l'entité MAP qui réserve les ressources pour le terminal mobile).
- t_{cel} : le temps de réservation de ressources pour une seule cellule (la réservation entre l'entité MAP et l'AR de la cellule), il commence avec l'envoi du message RESERVE (nous supposons que le temps de réservation des ressources est le même pour toutes les cellules).

Avant d'envoyer le message RESERVE, le MAP doit :

- Passer les deux paramètres de l'attribut *Duration* du MSpec au paramètre *Service Schedule* du QSpec afin de réserver les ressources selon la durée demandée.
- Identifier les AR concernés par la réservation de ressources à l'avance à travers l'attribut *Cell ID* du MSpec (action réalisée avant la réception de RESERVE et juste après la réception de NOTIFY).

Pour la première réservation de ressources, le temps global pour la réservation dans tout le MSpec1 est : **T_Réservation_MAP = t_{cel} + Nb_cel_MSpec1 * t_g.**

Après le premier handover, le temps de réservation des ressources dépend du nombre d'actions réalisées par le MAP, c'est-à-dire le nombre de messages envoyés par l'entité MAP. Il est calculé de la manière suivante :

T_Réservation_MAP = t_{cel} + Nb_action_MAP * t_g.

Nb_action_MAP : est le nombre de fois où le MAP crée ou supprime des réservations suite à la comparaison faite entre l'ancien et le nouveau MSpec.

- C_{old} : désigne la cellule où se trouvait l'utilisateur avant le handover.

- C_{new} : désigne la cellule où se trouvera l'utilisateur après le handover.

- $MSpec_{old}$: désigne l'ancien MSpec.

- $MSpec_{new}$: désigne le nouveau MSpec.

On a :

- $\forall$ C $\in$ {$MSpec_{new}$-$MSpec_{old}$-C_{old}} : le MAP crée une nouvelle réservation pour la cellule C.

- $\forall$ C $\in$ {$MSpec_{old}$- $MSpec_{new}$-C_{new}} : le MAP supprime la réservation pour la cellule C.

- Si la cellule C_{old} n'appartient pas au $MSpec_{new}$, le MAP supprime la réservation pour la cellule C_{old}.

- Si la cellule C_{new} n'appartient pas au $MSpec_{new}$, c'est-à-dire s'il y a un échec sur le calcul du MSpec, le MH doit faire une réservation de bout en bout pour la cellule C_{new}.

Par conséquent :

Si $C_{old} \in MSpec_{new}$, alors

Nb_action_MAP = card ($MSpec_{new}$-$MSpec_{old}$-C_{old}) + card ($MSpec_{old}$- $MSpec_{new}$-C_{new}).

Sinon : Nb_action_MAP = card ($MSpec_{new}$-$MSpec_{old}$-C_{old}) + card ($MSpec_{old}$- $MSpec_{new}$-C_{new}) + 1.

Donc :

Si $C_{old} \in MSpec_{new}$ alors

T_Réservation_MAP = t_{cel} + (card ($MSpec_{new}$-$MSpec_{old}$-C_{old}) + card ($MSpec_{old}$-$MSpec_{new}$-C_{new})) * t_g.

Sinon:

T_Réservation_MAP = t_{cel} + card ($MSpec_{new}$-$MSpec_{old}$-C_{old}) + card ($MSpec_{old}$-$MSpec_{new}$-C_{new}) + 1) * t_g.

Nous donnons un exemple dans ce qui suit :

Exemple :

Avec $\theta = 0.1$, nous avons les résultats suivants :
MSpec 1 = $\{C_1, C_3, C_5, C_7\}$, MSpec 2 = $\{C_1, C_2, C_3, C_4, C_6\}$, MSpec 3 = $\{C_1, C_2, C_3, C_5\}$,
MSpec 4 = $\{C_1, C_2, C_3, C_4\}$, MSpec 5 = $\{C_1, C_2, C_3, C_4, C_5\}$, MSpec 6 = $\{C_1, C_2, C_3, C_4\}$.

Le tableau suivant indique les opérations réalisées par le MAP durant les 6 handovers :

Nouveau MSpec	Ancien MSpec	Ancienne cellule (avant le handover)	Nouvelle cellule (après le handover)	Faire des réservations à l'avance dans les cellules	Supprimer les réservations dans les cellules
$\{C_1, C_3, C_5, C_7\}$	-	C_{10}	C_1	$\{C_1, C_3, C_5, C_7\}$	-
$\{C_1, C_2, C_3, C_4, C_6\}$	$\{C_1, C_3, C_5, C_7\}$	C_1	C_6	$\{C_2, C_4, C_6\}$	$\{C_5, C_7\}$
$\{C_1, C_2, C_3, C_5\}$	$\{C_1, C_2, C_3, C_4, C_6\}$	C_6	C_7	$\{C_5\}$ et End-to-end pour C_7	$\{C_4, C_6\}$
$\{C_1, C_2, C_3, C_4\}$	$\{C_1, C_2, C_3, C_5\}$	C_7	C_1	$\{C_4\}$	$\{C_5, C_7\}$
$\{C_1, C_2, C_3, C_4, C_5\}$	$\{C_1, C_2, C_3, C_4\}$	C_1	C_5	$\{C_5\}$	-
$\{C_1, C_2, C_3, C_4\}$	$\{C_1, C_2, C_3, C_4, C_5\}$	C_5	C_6	End-to-end pour C_6	$\{C_5\}$

Tableau 10. Les actions réalisées par le MAP durant les 6 handovers

Les temps pour la réservation de ressources après chaque handover sont les suivants :

T_Réservation_MAP (MSpec1)= $t_{cel} + 4 * t_g$

T_Réservation_MAP (MSpec2)= $t_{cel} + 5 * t_g$

T_Réservation_MAP (MSpec3)= $t_{cel} + 3 * t_g$

T_Réservation_MAP (MSpec4)= $t_{cel} + 3 * t_g$

T_Réservation_MAP (MSpec5)= $t_{cel} + t_g$

T_Réservation_MAP (MSpec6)= $t_{cel} + t_g$

Dans tous les cas : **$T\_Réservation\_MAP \leq t_{cel} + card (MSpec) * t_g$**.

Par conséquent, nous avons : **Temps_Détermination_MSpec + T_Réservation_MAP**
$\leq$ **Temps_Détermination_MSpec** + t_{cel} + card (MSpec) * t_g.

La simulation avec MATLAB montre que le temps de détermination du MSpec est de l'ordre de la milliseconde, il en est de même pour le paramètre t_g.

Donc, finalement pour satisfaire la contrainte suivante : le temps durant lequel le terminal mobile reste dans une cellule $\geq$ le temps de la détermination du MSpec + le temps de la réservation de ressources à l'avance par l'entité MAP, il faut que le temps durant lequel le terminal mobile reste dans une cellule soit supérieur au temps de la réservation de ressources par l'entité MAP pour une seule cellule.

Par conséquent, l'impact de la mobilité rapide du terminal mobile sur notre mécanisme de réservation de ressources à l'avance, ne peut pas être évalué sans la simulation réelle d'une technologie d'accès qui définit en particulier la taille des cellules car ce paramètre à son importance sur le temps durant lequel le terminal mobile reste dans une cellule.

La souplesse avec laquelle nous avons traité l'impact de la mobilité rapide du terminal mobile, sur notre mécanisme de réservation de ressources à l'avance est due en particulier à la gestion hiérarchique de la mobilité ainsi qu'à la combinaison entre l'objet MSpec qui représente la spécification de la mobilité de l'utilisateur et l'application de signalisation QoS NSLP qui est utilisée pour la réservation de ressources à l'avance.

4. Comparaison entre MQoS NSLP et MRSVP

Dans le chapitre 2, nous avons présenté une synthèse des recherches se rapportant à la réservation de ressources à l'avance dans le cadre des réseaux mobiles à intégration de service. Parmi ces recherches, MRSVP est certainement la proposition la plus intéressante.

Le tableau suivant montre l'apport de notre approche de réservation de ressources à l'avance dans les réseaux IP mobiles à travers une comparaison avec MRSVP.

MRSVP	MQoS NSLP
Appliqué uniquement dans le cadre des réseaux mobiles à intégration de services.	Indépendant du modèle de QoS utilisé (IntServ, DiffServ, ...).
Une gestion prédictible de la mobilité basée sur l'ensemble des futures localisations du terminal mobile. Cet ensemble est nommé MSPEC (pas de format pour cet ensemble).	Une gestion prédictible de la mobilité basée sur le profil de mobilité de l'utilisateur, ce dernier contient l'objet MSpec. Cet objet inclut la durée de la réservation de ressources à l'avance ainsi que les futures localisations du terminal mobile. Le MSpec est inclus dans les différents messages de QoS NSLP afin de faire une réservation de ressources à l'avance.
8 messages RSVP sont ajoutés afin de faire des réservations de ressources à l'avance avec MRSVP. Par exemple, un de ces messages est utilisé pour terminer la réservation de ressources.	Utilise uniquement les 4 messages de QoS NSLP. Cet avantage est dû à l'utilisation de l'objet MSpec qui est inclus dans les différents messages de QoS NSLP afin de faire des réservations de ressources à l'avance. (Avec MQoS NSLP, la durée de la réservation est incluse dans l'objet MSpec).
Définit une nouvelle entité nommée « proxy agent » qui réserve les ressources à la place du terminal mobile.	Avec la gestion hiérarchique de la mobilité, c'est l'entité MAP qui réserve les ressources pour le terminal mobile. Il n'y a donc pas besoin d'une nouvelle entité dans le réseau.

Tableau 11. MQoS NSLP vs MRSVP

5. Conclusion

Dans ce chapitre, nous avons validé notre approche de gestion de ressources dans les réseaux IP mobiles, les simulations effectuées montre l'intérêt de notre proposition de réservation de ressources à l'avance dans cet environnement. Notre approche minimise la charge de la signalisation de bout en bout ainsi que le délai nécessaire à l'établissent de cette signalisation, elle augmente également les performances dans le réseau en réduisant la probabilité de blocage du handover par rapport à une approche sans réservation de ressources à l'avance.

Par rapport aux recherches qui s'intéressent à l'extension du protocole RSVP à un environnement IP mobile, notre approche de gestion de ressources peut être appliquée dans les réseaux de type IntServ comme dans les réseaux de type DiffServ car l'application de signalisation QoS NSLP est indépendante du modèle de QoS utilisé. Un autre avantage de notre proposition est le fait qu'on n'a pas besoin d'une nouvelle entité dans le réseau ni de nouveaux messages QoS NSLP afin de réserver les ressources à l'avance, comparé à la majorité des recherches qui étend RSVP aux réseaux mobiles à intégration de services. Ce dernier avantage est du en particulier à la gestion hiérarchique de la mobilité avec HMIPv6 ainsi qu'à la définition de l'objet MSpec qui est inclus dans les différents messages de QoS NSLP

Conclusion et Perspectives

Avec le développement important des réseaux IP actuels, de nouveaux besoins apparaissent notamment en terme de mobilité. La localisation du terminal mobile ainsi que la prédiction de la future cellule que le mobile va visiter, sont devenues parties intégrantes des stratégies d'anticipation dans le réseau, notamment pour la réservation de ressources. D'un autre coté et avec l'émergence de nouvelles applications très exigeantes en terme de qualité de service, garantir la qualité de service dans un environnement IP mobile est devenu une tâche très difficile. En effet, la disponibilité des ressources lors d'un handover n'est pas nécessairement garantie.

Parmi les solutions proposées pour garantir la qualité de service demandée par les utilisateurs dans un environnement IP mobile, nous trouverons la réservation de ressources à l'avance. Cette solution exige que les ressources soient réservées à l'avance dans toutes les cellules que l'utilisateur mobile peut visiter. Ces cellules peuvent être définies à travers l'analyse d'un profil de mobilité, ce dernier étant déterminé soit par le réseau soit par le terminal mobile lui-même.

Dans la littérature, plusieurs solutions s'intéressent à la réservation de ressources à l'avance dans un environnement IP mobile. Ces solutions visent à minimiser la dégradation de service durant le handover. Dans le cadre des réseaux IP mobiles à intégration de services, la plupart des solutions proposées par les chercheurs visent à étendre le protocole RSVP à un environnement mobile. L'extension de RSVP dans les environnements mobiles consiste à le combiner avec des protocoles de mobilité tel que le protocole Mobile-IP.

Nous avons, constaté, cependant que ces solutions ignorent souvent la spécification d'un objet qui peut être utilisé par l'application qui réserve les ressources pour le terminal mobile, et qui peut également spécifier la mobilité de l'utilisateur. Constatant aussi l'intérêt d'une signalisation générique dans la future génération de réseaux IP, l'un des principaux objectifs de ce livre a consisté à proposer une solution de signalisation capable de répondre aux besoins de QoS des utilisateurs mobiles. La signalisation que nous avons retenue pour la réservation de ressources à l'avance est celle issue des travaux du groupe de travail NSIS.

Ainsi, l'une de nos contributions dans le cadre de ce livre est la définition d'une nouvelle procédure de réservation de ressources à l'avance dans les réseaux IP mobiles. Cette procédure est basée sur un nouvel objet nommé MSpec (Mobility Specification) qui représente les futures cellules que le terminal mobile va visiter. Nous avons proposé un format pour cet objet ainsi qu'un profil de mobilité pour les utilisateurs mobiles qui inclut l'objet MSpec. Ce profil de mobilité est basé sur l'analyse du comportement de l'utilisateur durant une phase d'observation. Nous avons proposé également, une extension de ce profil afin de gérer le handover vertical. Le terminal mobile retenu dans le cadre du handover vertical est un terminal bi-mode qui supporte les technologies d'accès Wi-Fi et UMTS.

La solution proposée dans le cadre de ce livre pour améliorer la qualité de service dans les réseaux IP mobiles, est basée sur la détermination du profil de mobilité de l'utilisateur, ce profil est déterminé après une phase d'observation. Durant cette phase, l'utilisateur est nouveau et le système ne possède pas assez d'informations sur le comportement de l'utilisateur pour lui réserver des ressources à l'avance. En effet, le profil de mobilité de l'utilisateur est inconnu et l'ensemble MSpec ne peut pas être déterminé. Sans réservation de ressources à l'avance, nous utilisons la technologie Agent afin d'améliorer la qualité de service pour l'utilisateur mobile.

Les résultats obtenus par simulation viennent renforcer l'intérêt de notre approche de réservation de ressources à l'avance qui permet de minimiser la signalisation de bout en bout ainsi que le délai nécessaire pour établir cette signalisation. Notre approche augmente également les performances du réseau en réduisant la probabilité de blocage du handover par rapport à une approche sans réservation de ressources à l'avance.

En conclusion, nous pouvons dire que notre principale contribution, à travers ce livre, a été de proposer des solutions capables d'améliorer la qualité de service dans un environnement IP mobile. Si le système possède assez d'informations afin de connaître la future cellule que le terminal mobile va joindre, une réservation de ressources à l'avance est faite à son intention afin de minimiser la dégradation de service durant le handover. Dans le cas contraire et durant la phase d'observation, l'utilisation de la technologie agent est nécessaire afin de guider l'utilisateur vers la cellule qui peut lui fournir la qualité de service nécessaire à l'application (handover horizontal). Dans le cas du handover vertical, les agents sont utilisés afin de choisir la meilleure technologie d'accès en fonction des besoins de l'utilisateur.

Les travaux entrepris au cours de ce livre offrent un certain nombre de perspectives :

Tout d'abord, concernant la simulation réseau avec OMNeT++, nous avons souhaité être générique par rapport à la technologie d'accès de l'interface air. Par la suite, il serait intéressant de simuler notre approche de réservation de ressources à l'avance avec une méthode d'accès réseau telle que CSMA/CA retenu dans le cadre de la norme 802.11. Cette approche de simulation permettrait d'étudier l'impact de la mobilité rapide du terminal mobile sur le mécanisme dynamique de réservation de ressources à l'avance dans le cas de la norme 802.11.

Il serait également intéressant de parfaire notre approche de réservation de ressources à l'avance dans l'environnement NSIS, en traitant les aspects liés à la sécurité.

Constatant l'arrivée d'une cohorte de réseaux sans fil adaptés à leur environnement et interconnectés entre eux qui donneront naissance à un réseau IP tout hertzien, il serait intéressant, d'améliorer le profil de mobilité proposé dans le cadre de ce livre afin de traiter le handover diagonal (passage entre réseaux sans fil qui utilisent des technologies sous-jacentes communes).

Il serait également intéressant d'appliquer notre approche de réservation de ressources à l'avance dans les réseaux IP mobiles inter-domaine. Dans ce cas, il serait intéressant de faire une renégociation dans le nouveau domaine visité par le terminal mobile, cette renégociation concernerait les paramètres de SLS pour la mobilité, pour la QoS ainsi que pour la sécurité, paramètres qui ont été proposé dans le cadre du projet RNRT IP-SIG [92] auquel nous avons participé.

Enfin, l'implémentation du protocole MQoS NSLP dans un environnement mobile, en tenant compte de l'objet MSpec et le transfert de contexte entre l'ancien et le nouveau routeur d'accès après un handover permettrait de valider l'approche retenue dans le cadre de la mise en place d'une plateforme de test.

Liste des acronymes

AAA	Authentication, Authorization and Accounting
ACL	Agent Communication Language
AF	Assured Forwarding
AoA	Angle of Arrival
AP	Access Point
API	Application Programmig Interface
AR	Access Router
ATM	Asynchronous Transfer Mode
BE	Best Effort
BS	Base Station
BSC	Base Station Controller
BSS	Base Station System
BTS	Base Transceiver Station
CAC	Call Admission Control
CL	Controlled Load
CLEP	Control Load Ethernet Protocol
CN	Correspondent Node
CoA	Care of Adress
CRN	CRossover Node
CT	Context Transfer
CTAR	Context Transfer Activate Request
CTD	Context Transfer Data
CTDR	Context Transfer Data Reply
CTR	Context Transfer Request
CXTP	Context Transfer Protocol
DAB	Digital Audio Broadcasting
DCCP	Datagram Congestion Control Protocol
DiffServ	Differentiated Services
DS	Differentiated Services
DSCP	Differentiated Services Codepoint

DVB-S	Digital Video Broadcasting-Satellite
DVB-T	Digital Video Broadcasting-Terrestrial
EDGE	Enhanced Data rates for GSM Evolution
EF	Expedited Forwarding
FA	Foreign Agent
FF	Fixed Filter
FIPA	Foundation for Intelligent Physical Agents
GFA	Gateway Foreign Agent
GGSN	Gateway GPRS Support Node
GIST	General Internet Signaling Transport
GMPLS	Generalized MultiProtocol Label Switching
GPRS	General Packet Radio Service
GS	Guaranteed Service
GSM	Global System for Mobile communications
HA	Home Agent
HAWAII	Handoff-Aware Wireless Access Internet Infrastructure
HLR	Home Location Register
HMIPv6	Hierarchical Mobile IPv6
IETF	Internet Engineering Task Force
IntServ	Integrated Services
ITU-T	International Telecommunications Union - Telecommunication
KQML	Knowledge Query and Manipulation Language
LA	Location Area
LAN	Local Area Network
LCoA	Locale Care of Address
MAP	Mobility Anchor Point
MAS	Multi-Agent Systems
MBS	Mobile Broadband Systems
MDCP	Media Device Control Protocol
MH	Mobile Host
MN	Mobile Node
MPLS	MultiProtocol Label Switching
MRSVP	Mobile RSVP
MSC	Mobile Switching Centre
MSPEC	Mobility Specification
nAR	new Access Router
NF	NSIS Forwarder
NI	NSIS Initiator
NR	NSIS Responder
NSIS	Next Steps In Signaling

NSLP	NSIS Signaling Layer Protocol
NTLP	NSIS Transport Layer Protocol
oAR	old Access Router
pAR	previous Access Router
PDP	Packet Data Protocol
PHB	Per Hop Behavior
PPP	Point to Point Protocol
PS	Packet Switched
QNE	QoS NSIS Entity
QoS	Quality of Service
RAB	Radio Access Bearer
RAO	Router Alert Option
RCoA	Regional Care of Adress
RFC	Request for Comments
RNC	Radio Network Controller
RPC	Remote Procedure Call
RSS	Received Signal Strength
RSVP	Resource reSerVation Protocol
RTS/CTS	Ready to Send/Clear to Send
SCM	Spacial Conceptual Map
SCTP	Stream Control Transmission Protocol
SE	Shared Explicit
SGSN	Serving GPRS Support Node
SII	Source Identification Information
SIP	Session Initiation Protocol
S-UMTS	Satellite Universal Mobile Telecommunications System
TCA	Terminal Communication Agent
TCP	Transmission Control Protocol
ToA	Time of Arrival
TTL	Time To Live
UCA	User Communication Agent
UDP	User Datagram Protocol
UMTS	Universal Mobile Telecommunications System
WEA	Way Elementary Area
WF	Wildcard Filter
Wi-Fi	Wireless Fidelity
WLAN	Wireless Local Area Network

Liste des publications

Journaux et chapitres de livres

[1]   **B. Benmammar** and F. Krief. "Handover Management Based on User's Mobility Specification". Journal Annales des telecommunications. Special Issue on Autonomic Communications, 2006.

[2]   **B. Benmammar.** Rédaction du chapitre "L'autonomie dans les réseaux IP mobiles : le point de vue gestion de ressources". Traité IC2, l'autonomie dans les réseaux. Hermès Science, 2006.

[3]   **B. Benmammar.** Rédaction du chapitre "Agent et mobiles de 3ème et 4ème génération". Traité IC2, Intelligence artificielle et réseaux. Hermès Science, 2005.

Conférences Nationales et Internationales avec actes

[4]   **B. Benmammar** and F. Krief. "Resource Management for End-to-End QoS in a Mobile Environment". 2nd IEEE INTERNATIONAL CONFERENCE ON Wireless and Mobile Computing, Networking and Communications (WiMob 2006). Montréal, Canada. June 19-21, 2006.

[5]   **B. Benmammar** and F. Krief. "QoS management for mobile users". The IFIP International conference on Network Control and Engineering for QoS, Security and Mobility (NetCon'05). Lannion, France 14-17 November 2005. Springer, 13 p.

[6]   **B. Benmammar** and F. Krief. "MQoS NSLP: a mobility profile management based approach for advance resource reservation in a mobile environment". The 7th IFIP IEEE International Conference on Mobile and Wireless Communications Networks (MWCN 2005). Marrakech, Morocco. September 19-21, 2005. ISBN: 0-955 1814-0-2.

[7] **B. Benmammar** and F. Krief. "An Advanced Resource Reservation Protocol in Wireless Networks Based on User Mobility Profile". The Fifth IEEE Workshop on Applications and Services in Wireless Networks (ASWN 2005). Paris June 29th – July 1st. FRANCE.

[8] Nancy Samaan, **Badr Benmammar**, F. Krief, A. Karmouch. "Prediction-based Advanced Resource Reservation in a Mobile Environment". 18th Annual Canadian Conference on Electrical and Computer Engineering, CCECE05, May 1-4, 2005, Saskatoon Inn, Saskatoon, Saskatchewan Canada.

[9] **B. Benmammar** and F. Krief. "Advance resource reservation in a WMAN environment based on the QoS NSLP signaling application and the CTP protocol". IFIP Open Conference on Metropolitan Area Networks Architecture, protocols, control, and management HCMC, Viet Nam. April 4-6, 2005.

[10] Zeina Jrad, **Badr Benmammar**, Joseph Corréa, Francine Krief, Nader Mbarek. "A User Assistant for QoS Negotiation in a Dynamic Environment Using Agent Technology". Second IEEE and IFIP International Conference on Wireless and Optical Communications Networks WOCN 2005. March 6 - 8, 2005, Hyatt Regency Hotel, Dubai, United Arab Emirates UAE.

[11] **B. Benmammar** et F. Krief. "Gestion dynamique du handover horizontal et vertical basée sur le profil de mobilité de l'utilisateur". Colloque GRES 2005 : Gestion de REseaux et de Services, Du 28 Février au 3 Mars à LUCHON, France.

[12] **B. Benmammar** et F. Krief, "La mobilité dans la future génération de protocoles de signalisation du monde IP", 6 ème Journées Doctorales Informatique et Réseau. JDIR'04. Lannion, France Télécom R&D, 2-4 Novembre 2004.

[13] **B. Benmammar** and F. Krief. "Agents for Wireless Environments". International Conference on Telecommunication Systems, Modeling and Analysis. ICTSM'2004. IFIP WG 7.3. Monterey, USA. Jully 2004.

[14] **B. Benmammar** et F. Krief. "La Technologie Agent et les Réseaux Sans Fil". Congrès Des Nouvelles Architectures pour les Communications. DNAC'2003. Paris, France. Octobre 2003.

[15] Z. Jrad, F. Krief and **B. Benmammar.** "An Intelligent User Interface for the Dynamic Negotiation of QoS". International Conference on Telecommunications. ICT'2003. Papeete, Tahiti. February 2003.

Présentation dans des conférences

[16]   **Badr Benmammar**, "Les réseaux sans fil et la nouvelle signalisation IP". École DNAC d'hiver Sur le Nil. Les réseaux sans fil (Wi-Fi, Wimedia, WiMax, Wi-mobile, ...). Contrôle et maîtrise du réseau et des applications. Égypte, du 11 au 18 décembre 2004.

.

Bibliographie

[1]   O. Kone, "Automates temporisés et expression de la QdS", page 19-46, dans "Ingénierie des protocoles et qualité de service", sous la direction de A. Cavalli, hermes-science, 2001.

[2]   J. L. Mélin, "qualité de service sur IP", Eyrolles 2001.

[3]   Juniper NETWORKS, "RSVP Signaling Extensions for MPLS Traffic Engineering", White Paper.

[4]   J. Manner, A. Laukkanen, M. Kojo, K. Raatikainen, "a quality of service architecture framework for mobile networks", university of Helsinki, Finland.

[5]   C. Perkins. "IP Mobility Support", RFC 3344, August 2002.

[6]   R. Koodli, "Fast Handovers for Mobile IPv6", RFC 4068. July 2005.

[7]   J. Kempf, "Problem Description: Reasons For Performing Context Transfers Between Nodes in an IP Access Network", RFC 3374. (September 2002).

[8]   J. Loughney. M. Nakhjiri, C. Perkins, R. Koodli, "Context Transfer Protocol (CXTP)", RFC 4067, July 2005.

[9]   A. T. Campbell, J. Gomez, S. Kim, A. G. Valkó, C-Y. Wan and Z. Turányi. "Design, Implementation, and Evaluation of Cellular IP", IEEE Personal Communications, 7(4):42–49, August 2000.

[10] R. Ramjee, T. La Porta, S. Thuel, K. Varadhan, and L. Salgarelli. "IP micromobility support using HAWAII", Internet draft, draft-ietf-mobileip-hawaii-01.txt, July 2000.

[11] A. K. Talukdar, B. R. Badrinath and A. Acharya. MRSVP: "A Resource Reservation Protocol for an Integrated Services Network with Mobile Hosts", Wireless Networks, Vol. 7, No. 1, 2001.

[12] A. K. Talukdar, B. R. Badrinath and A. Acharya. "Integrated Services Packet Networks with Mobile Hosts: Architecture and Performance", Wireless Networks, Vol 5, No. 2, 1999.

[13] A. K. Talukdar, B. R. Badrinath and A. Acharya. "On Accommodating Mobile Hosts in an Integrated Services Packet Network", In Proceedings of The IEEE INFOCOM 1997, Kobe, Japan, April 1997.

[14] M. Min-Sun, S. Young-Joo and K. Young-Jae, "A Resource Reservation Protocol in Wireless Mobile Networks", Proceedings of Workshop on Wireless Networks and Mobile Computing, pp.429-434, 2001.

[15] D. Ferrari, A. Guupta and G. Ventre, "Advance Reservation of Real-Time Connections", Proceedings of the 5th International Workshop on Network and Operating System Support for Digital Audio and Video. p.16-27. 1995.

[16] G. Le Grand, J. Ben Otman, E. Horlait, "Réservation de ressources dans un environnement mobile avec MIR : Mobile IP Reservation Protocol", (CFIP 2000 Colloque Francophone sur l'Ingénierie des Protocoles, Toulouse, 17-20 Octobre 2000).

[17] E. Horlait, M. Bouyer, "CLEP (Controlled Load Ethernet Protocol): Bandwidth Management and Reservation Protocol for Shared Media", <draft-horlait-clep-00.txt>, Juillet 1999.

[18] W. T. Chen, C. Huang. "RSVP mobility support: a signaling protocol for integrated services Internet with mobile hosts", in Proc. IEEE INFOCOM, vol. 3, 2000, pp. 1283-1292. 2000.

[19] D. A. Levine, I. F. A kyildiz and M. Naghshineh, "The shadow cluster concept for resource allocation and call admission in ATM-based wireless networks", Proceedings of the 1st annual international conference on Mobile computing and networking, p.142-150. Berkeley, California, United States. 1995.

[20]   A. S. Acampora and M. Naghsineh, "An architecture and methodology for mobile-executed handoff in cellular ATM networks", IEEE Journal on Selected Areas in Communications. 1994.

[21]   G. Chiruvolu, A.Agrawal, and M.Vandenhoute, "Mobility and QoS support for IPv6 Based Real-time wireless Internet Traffic", In Proc. of IEEE Int'l. Conf. Commun., vol.1, pp. 334-38, June 1999.

[22]   Q. Shen, A. Lo, W. Seah, C. C. Ko, "On providing Flow Transparent Mobility Support for IPv6 based Wireless Real-time Services". In Proc of MoMuc 2000.

[23]   C. C. Tseng, G. C. Lee and R. S. Liu, "HMRSVP: A Hierarchical Mobile RSVP Protocol", International Workshop on Wireless Networks and Mobile Computing, (WNMC2001), April 2001.

[24]   E. Gustafsson, A. Jonsson and C. E. Perkins, "Mobile IPv4 Regional Registration", Internet Draft, March 2002.

[25]   M. Chang, M. Lee, H. Lee, "An Efficient Resource Reservation Scheme Based on Gray-Cell in Wireless Mobile Networks", WCNC2005 (New Oreans, USA), March 2005.

[26]   A. Terzis, M. Srivastava and L. Zhang, "A simple QoS signalling protocol for mobile hosts in the integrated services Internet", In Proceedings of the IEEE INFOCOM '99, New York. 1999.

[27]   A. Terzis, J. Krawczyk, J. Wroclawski and L. Zhang "RSVP Operation Over IP Tunnels", RFC 2746, January 2000, Proposed Standard.

[28]   S. Singh, "Quality of service guarantees in mobile computing", Journal of Computer Communications. 1996.

[29]   K. Lee, "Adaptive Network Support for Mobile Multimedia", In Proceedings of the 1st Annual International Conference on Mobile Computing and Networking (MOBICOM'95), pages 62--74, Berkeley, CA, USA, 13-15 November 1995.

[30]   A. Abutaleb and V.O.K. Li, "Paging Strategy Optimization in Personal Communication System", ACM-Baltzer Journal of Wireless Networks (WINET), Vol. 3, pp. 195-204, August 1997.

[31] A. Bhattacharya and S. K. Das, "LeZi-Update: An Information-Theoretic Approach to Track Mobile Users in PCS Networks", ACM/IEEE Mobi- Com'99, August 1999.

[32] T. Liu, P. Bahl and I. Chlamtac, "Mobility Modeling, Location Tracking, and Trajectory Prediction in Wireless ATM Networks", IEEE Journal on Selected Areas in Communications (JSAC), Vol. 16, No. 6, pp. 922-936, August 1998.

[33] A. Aljadhai and T.F. Znati, "Predictive Mobility Support for QoS Provisioning in Mobile Wireless Environments", IEEE Journal on Selected Areas in Communications (JSAC), Vol. 19, No. 10, pp. 1915-1931, October 2001.

[34] I. F. Akyildiz, W. Wang W, "The Predictive User Mobility Profile Framework for Wireless Multimedia Networks", Networking, IEEE/ACM Transactions on, vol. 12, pp. 1021-1035, Dec. 2004.

[35] A. Aljadhai and T. F. Znati, "A framework for call admission control and QoS support in wireless environments", Proc. 18th Annual Joint Conference of the IEEE Computer and Communications Societies (INFOCOM'99), vol. 3, pp. 1019-1026, March 1999.

[36] N. Samaan, and A. Karmouch, "An Evidence-Based Mobility Prediction Agent Architecture", MATA 2003, pp. 230_239, Berlin.

[37] G. Liu and G. Maguire, "A Predictive Mobility Management Algorithm for Wireless Mobile Computing and Communications", the proc. of the IEEE International Conference on Universal Personal Communications (ICUPC'95), Tokyo, Japan, November 6-9, 1995.

[38] T. Liu, P. Bahl and I. Chlamtac, "A hierarchical position prediction algorithm for efficient management of resources in cellular networks", in: Proceedings of the GLOBECOM '97, Phoenix, AZ (November 1997).

[39] S. Lu, V. Bharghavan, "Adaptive resource management algorithms for indoor mobile computing environments", Conference proceedings on Applications, technologies, architectures, and protocols for computer communications, p.231-242, August 28-30, 1996, Palo Alto, California, United States.

[40] J. Manner. S. Van den Bosch, G. Karagiannis, A. McDonald, "NSLP for Quality-of-Service signaling", <draft-ietf-nsis-qos-nslp- 10.txt>, March 2006.

[41]   H. Schulzrinne, R. Hancock, "GIST: General Internet Signaling Transport".
       <draft-ietf-nsis-ntlp-09.txt>, February 6, 2006.

[42]   J. Ash, A. Bader, C. Kappler, "QoS-NSLP QSPEC Template". <draft-ietf-nsis-
       qspec-09.txt>, March 2006.

[43]   S. Lee, S. Jeong, X. Fu, J. Manner, "Applicability Statement of NSIS Protocols in
       Mobile Environments". <draft-ietf-nsis-applicability-mobility-signaling-04.txt>.
       March 2006.

[44]   J. Ferber, "les Systèmes Multi-Agents, Vers une intelligence collective",
       InterEditions, 1995.

[45]   B. Chaib-draa, "Agents et Systèmes Multi-Agents", cours-département
       d'informatique, Université Laval, 1999.

[46]   H. Jens, G. Carmelita and F. Peyman. "Agent technology for the UMTS VHE
       concept", ACM/IEEE MobiCom' 98, Workshop on Wireless Mobile Multimedia,
       Dallas, USA, October 1998.

[47]   T. Magedanz and R. Popescu-Zeletin. "Towards Intelligence on Demand On the
       Impacts of Intelligent Agents on IN", 4th International Conference on Intelligence
       in Networks, Bordeaux, France, November 1996.

[48]   L. Berry, "la société des agents", Rapport de Synthèse, Avril 2001.

[49]   IBM, "Intelligent Agent", White paper, 1995.
       Disponible sur http://activist.gpl.ibm.com:81/WhitePaper/ptc2.htm

[50]   N.R. Jennings, K. Sycara and M.J. Wooldridge. "A Roadmap of Agent Research
       and Development". Autonomous Agents and Multi-Agent Systems, 1(1):7-38,
       1998.

[51]   J. Rivadeneyra and J. Miguel-Alonso, "A communication architecture to access
       data services through GSM", 7th IFIP/ICCC Conference on Information
       Networks and Data Communications, Aveiro (Portugal), June 1998.

[52]   F. Bourdon et al, "systèmes multi-agents", cours proposé dans le cadre du DEA-
       IAA (TRONC COMMUN), Université de CAEN, 1999.

[53]   R. Brooks, "A robust layered control system for a mobile robot", IEEE Journal of Robotics and Automation, 2 (1) : 14-23, 1986.

[54]   D. Kinny, M. Georgeff, "Commitment and effectiveness of situated agents", In Proceedings of the Twelth International Joint Conference on Artificial Intelligence (IJCAI-91), page 81-88, Sydney, Australia, 1991.

[55]   M. Wooldridge, "Intelligent Agents", page 42-66, in "Multiagent Systeme", edited by Gerhard Weiss,The MIT presse Cambridge, Massachussets London , England, 1999.

[56]   J. P. Briot, Y. Demazeau, "Principe et architecture des systèmes multi-agents", herme- science, 2002.

[57]   C. Herve, "Intelligence artificielle et psychologie cognitive", Dunob, 1998.

[58]   M. N. Huhns, L. M. Stephens, "Multiagent Systems and Societes of Agents", page 83-99, in "Multiagent Systeme", edited by Gerhard Weiss ,The MIT presse Cambridge, Massachussets London , England, 1999.

[59]   H. Helin, H. Laamanen and K. Raatikainen. "Mobile Agent Communication in Wireless Networks", Proceedings of the European Wireless'99 Conference, pp. 211-216, October 6–8, 1999, Munich, Germany.

[60]   Foundation for Intelligent Physical Agents, FIPA 97 Specification – Part 2: Agent Communication Language, Version 2.0, 1998.

[61]   Specification of the KQML agent communication language, disponible sur http://www.cs.umbc.edu/kqml/kqmlspec/spec.html.

[62]   Internet Engineering Task Force, Hypertext Transfer Protocol – HTTP/1.1, RFC2068, 1997.

[63]   Sun Microsystems, Java Remote Invocation – Distributed Computing for Java, White Paper, 1998.

[64]   Object Management Group, CORBA 2.2/GIOP Specification, OMG Document formal/98-07-01, 1998.

[65] WAP Forum, "Wireless Application Protocol Forum Home Page", disponible sur http://www.wapforum.org/.

[66] M. Kojo, K. Raatikainen, M. Liljeberg, J. Kiiskinen, and T.Alanko, "An Efficient Transport Service for Slow Wireless Telephone Links", IEEE Journal on Selected Areas in Communications, Vol. 15, no. 7, pp. 1337– 1348, Sept. 1997.

[67] J. Kiiskinen, M. Kojo, M. Liljeberg, and K. Raatikainen, "Data Channel Service for Wireless Telephone Links", IEEE-CS Bulletin of TC on Operating Systems and Applications, Vol. 8, 1, pp. 1- 17, 1996.

[68] H. Sanneck, M. Berger and B. Bauer, "Application of agent technology to next generation wireless/mobile networks", in Proceedings of the Second World Wireless Research Forum, Helsinki, Finland, May 2001

[69] H. Helin, H. Laamanen and K. Raatikainen, "Mobile Agent Communication in Wireless Networks", In Proceedings of the European Wireless'99/ITG'99. pp. 211-216, October 1999.

[70] D. Gürer, V. Lakshminarayan and A. Sastry, "An Intelligent Agent-Based Architecture for the Management of Heterogeneous Networks", presented at DSOM '98, Newark, Delaware.

[71] S. Gregory and Z. Guo, "The Architecture of Mobile Agent in Wireless Environment", Macau IT Congress, 2001.

[72] G. Anastasi, A. La Corte, A. Puliafito, and O. Tomarchio, "An agent-based approach for QoS provisioning to mobile users in the Internet", In The 4th World Multiconference on Systemics, Cybernetics and Informatics (SCI2000), Orlando (Florida-USA), July 2000.

[73] J. Hartmann and W. Song, "Agent technology for future mobile networks", Second Annual UCSD Conference on Wireless Communications in cooperation with the IEEE Communications Society, San Diego, USA, March 1999.

[74] A. Acampora, "Wireless ATM: a perspective on issues and prospects", IEEE Personal Communications 1996; 3(4): 8–17.

[75]   Z. J. Haas, J.H. Winter and D.S. Johnson, "Simulation results on the capacity of cellular systems", IEEE Transactions on Vehicular Technology 1997; 46(4): 805–817.

[76]   M. D. Kulavaratharasah, A. H Aghvami, "Teletraffic performance evaluation of microcellular personal communication networks (PCN's) with prioritized handoff procedures", IEEE Transactions on Vehicular Technology 1999; 48(1): 137–152.

[77]   I. Jami, M. Ali, R. F. Ormondroyd, "Comparison of Methods of Locating and Tracking Cellular Mobiles", IEE Colloquium on Novel Methods of Location and Tracking of Cellular Mobiles and Their System Applications 1999; 1/1-1/6.

[78]   M. McGuire, K. N. Plataniotis and A. N. Venetsanopoulos, "Estimating position of mobile terminal from path loss measurements with survey data", Wireless Communications & Mobile Computing, vol. 3, pp. 51-62, February 2003.

[79]   T. Magedanz, K. Rothermel and S. Krause, "Intelligent Agents: An Emerging Technology for Next Generation Telecommunications?", INFOCOM'96, San Francisco, CA, USA, March 1996.

[80]   M. Breugst and T. Magedanz, "Mobile Agents – Enabling Technology for Active Intelligent Network Implementation", IEEE Network, 53--60, May/June 1998.

[81]   Projet RNRT IP-SIG, disponible sur http://www.telecom.gouv.fr/rnrt/.

[82]   M. Jaseemuddin, "An Architecture for Integrating UMTS and 802.11 WLAN Networks", Proceedings of IEEE Symposium on Computers and Communications (ISCC 2003), Antalya, Turkey, pp. 716-723, 2003.

[83]   J. A. García-Macías, F. Rousseau, G. Berger-Sabbatel, L. Toumi, and A. Duda. "Différenciation des services sur les réseaux sans-fil 802.11", Proc. Colloque francophone sur l'ingénérie des protocoles, Montreal, Canada.

[84]   M. McGuire, K.N. Plataniotis and A.N. Venetsanopoulos. "Estimating position of mobile terminal from path loss measurements with survey data", Wireless Communications & Mobile Computing, vol. 3, pp. 51-62, February 2003.

[85]   OMNeT++, outil de simulation disponible sur le site : http://www.omnetpp.org/.

[86]   H. Soliman, C. Castelluccia, K. El Malki, L. Bellier. "Hierarchical Mobile IPv6
        Mobility Management (HMIPv6)", RFC 4140, August 2005.

[87]   AUML, langage de modélisation unifié à base d'agents disponible sur le site :
        http://www.auml.org/.

[88]   B. Jubbari, "Teletraffic aspects of evolving and next generation wireless
        communications networks", IEEE Personal Communications, pp. 4-9, Dec. 1996.

[89]   MATLAB, outil mathématique de calcul matriciel disponible sur le site:
        http://www.mathworks.com.

[90]   Badr Benmammar, Zeina Jrad, Francine Krief, Nader Mbarek. "Dynamique de
        l'environnement : Scénarios, simulations et maquette". IP-SIG/LIV/4.2. Contrat
        RNRT IP-SIG. 2005.

[91]   Badr Benmammar, Joseph Corréa, Zeina Jrad, Francine Krief, Nader Mbarek.
        "Dynamique de l'environnement". IP-SIG/LIV/4. Contrat RNRT IP-SIG. 2004.

[92]   Badr Benmammar, Nguyen Thi Mai Trang, Guy Pujolle, Vedat Yilmaz.
        "Définition d'un SLA/SLS". IP-SIG/LIV/1. Contrat RNRT IP-SIG. 2003.

MoreBooks!
publishing

mb!

Oui, je veux morebooks!

i want morebooks!

Buy your books fast and straightforward online - at one of world's
fastest growing online book stores! Environmentally sound due to
Print-on-Demand technologies.

Buy your books online at
www.get-morebooks.com

Achetez vos livres en ligne, vite et bien, sur l'une des librairies en
ligne les plus performantes au monde!
En protégeant nos ressources et notre environnement grâce à
l'impression à la demande.

La librairie en ligne pour acheter plus vite
www.morebooks.fr

VSG
VDM Verlagsservicegesellschaft mbH

VDM Verlagsservicegesellschaft mbH
Heinrich-Böcking-Str. 6-8   Telefon: +49 681 3720 174   info@vdm-vsg.de
D - 66121 Saarbrücken   Telefax: +49 681 3720 1749   www.vdm-vsg.de

www.ingramcontent.com/pod-product-compliance
Lightning Source LLC
Chambersburg PA
CBHW021101210326
41598CB00016B/1281